教師を生きる

授業を変える・学校が変わる

和井田 清司

学 文 社

まえがき

教育改革の激震が学校をおそっている。改革の射程はすべての校種におよび、またその範囲はすべての領域にわたる。この激震のもと、国立大学の法人化、中等教育学校の誕生、学習指導要領の最低基準化、習熟度別指導の蔓延、教師の人事考課制度など、さまざまな改革が具体化されている。その延長線上で、教育基本法の改定も日程にのぼりつつある。そのようななか、学校や教師は、あたかも改革の渦にただよう木の葉のような存在にみえる。

だが、教育改革の推進は教育改善を意味しない。やり方によっては、ますます事態が悪化しかねない。中央で語られる改革の理念が、行政ルートを経るなかで次第に陳腐化・形式化し、非常識な施策となって現場に降ろされてくることもある。地方分権教育改革の進行や現場裁量の拡大にともない、有効な実践も始まっているが、不見識な言動も現場で拡大している。なによりもこれらの一連の改革が、上からの教育行政（教育政治）改革として進められ、下からの教育実践改革に結びついていない。ここに問題点が集約されている。

「学校は教師次第」とは古い諺であるが、改革の理念は、実践者である教師の心に点火されることで具体化される。教育行政改革が教育実践改革の実をあげるには、教師の意欲と力量の伸張が不可欠である。そこで、教育改革の一環として教師改革が重視され、新手の操作が加えられる。規制緩和を基調とする教育改革のなか、教師改革のみ顕著な規制強化が進行するパラドックスがそこにある。教師は、改革の担い手である以上に改革の対象になっている。改革の対象となって〈やらされる〉立場では、意欲や元気が湧きようがない。

長年、高校に勤務してきた私には、教師という職業は次のように感じられる。教師の仕事には果てしがない。ここまでで完成と割り切れない。無定形・無領域・無際限の世界である。努力の成果が即時的・明示的に発現することも少ない。教師とは、どんなに研鑽してもついに未完のまま終末をむかえる職業である。また、教師という職業は罪深い仕事でもある。どんなに優しい声や心で接しても、子どもたちを操作し、評価し、選別する権力を行使することに代わりはない。特に、罪深さを自覚していない教師はさらに罪深い。

そうはいっても、教師とはやりがいのある仕事である。戦争や暴力の野蛮が世界を破壊したとき、再建の希望はまず教育に求められる。教育に痛めつけられた子どもは、同時に教育の力でしか立ち直れない。石川啄木がのべたように教育は〈明日への投資〉であり、ルイ・アラゴンの言葉にあるように〈教えるとは希望をかたる〉ことである。そうした思いを持ち、日々〈複雑系〉の学校現場に生きる教師たちに私は心を寄せる。

教育改革のスローガンが連呼される現在、「教師を生きる」ことは必ずしも愉快なことではない。上からや外からの雑音は喧しい。経済不況や政治不信は家庭や地域の教育的雰囲気を重いものにする。

消費文化に浸る子どもたちの内なる困難も深く暗い。だが、希望はある。自分のまわりの〈一隅を照らす〉こころみが、新しい光を生む。いつの時代にでも、困難は世界を覆ってきた。そのなかで、〈惰性に抗う教師たち〉（岩川直樹『総合学習を学びの広場に』大月書店、一三二頁）のこころみは、連綿と続いてきたのである。そうした先人の勇気や智慧にまなび、授業を変え、学校を変える取組みを足元から起こしていきたい。そんな想いをこめて本書をまとめてみた。

以下、本書全体の構成とそれぞれの章での課題を略記しておきたい。

第1章では、私の教師経験から三つのエピソードをとりあげ、〈生徒・授業・学校〉という与件そのものを問い直し、再定義するこころみを紹介した。教師の仕事にまつわる問いのかたちを示したものであり、タイトル「教師を生きる」の含意はこの章にある。

第2章では、カリキュラムや授業の改革について全体的な鳥瞰をこころみた。カリキュラムや授業の質的改善によってこそ、教室からの改革の実があがる。教室の時間や空間や空気が変わることで学校全体も変わっていく。教室や学校のミクロな実践がマクロな教育改革の回転軸となる。教師によるカリキュラムや授業の改革の前進によってこそ、教育行政改革（多くは上からの）と教育実践改革（教師による下からの改革）の幸福な結合が可能になる。サブタイトルの「授業を変える、学校が変わる」という意味がここにある。

第3章~第6章では、ディベート学習、総合学習、社会科教育、教育改革、というテーマごとに踏みこんで考察した。これらの章では、諸所に私自身が教師として係わってきた実例をあげている。評論家風に鳥瞰や静観した言説ではなく、現場のかかわりのなかから問いをたて追究した結果を読みとっていただければ幸いである。

目　次

図表目次

図

表

第1章　未完の教師修行

1　終わりのない旅人

教師の仕事は、終わりのない旅人に似ている。どこまで行ってもゴールが見えないからである。教師の抱えるこの難しさは、教職という仕事が再帰性・不確実性・無境界性という特徴を具現することに由来するともいえる。[1]こうした教職の特質を考えるとき、一方で、専門職としての認知とそれに見合う待遇とが求められるであろう。だが他方で、教師自らが実践を振り返りながら、資質・能力の向上を自らに課していく不断のプロセスを必要とすることも明らかである。時代・社会の変化や子ども・青年の変容に加え、教師自身も経験の加齢につれて役割が微妙に変わってくる。実践教師という主体、生徒という客体、社会という教育環境のトライアングルのなかで、教師の仕事には絶えざるバージョンアップが要求される。未完の教師修行の所以である。以下では、私個人の高校教師としての経験（一九七四〜二〇〇〇年）を振り返り、その経験から三つの素材を取り上げ、それらの事例に伏在する問いと課題のかたちについて考察してみたい。

2 「生徒─教師」関係の編み直し──別の人生を生きる存在としての生徒

二十年ほど前、ある女生徒（A子）との出会いが私に一つの転機をもたらした。

A子は男まさりの気性で、学年一の「ツッパリ」であった。そのため、女子校であるN高校では、大変に目立つ存在だった。脅し・カンパ・リンチ等の事件を起こして、停学処分を繰り返した。清掃や係の仕事などやったためしもなく、遅刻・早退は日常化していた。

高校二年生になったとき、ボーイフレンドが少年院おくりとなった。A子はその寂しさからいつしかシンナーに溺れはじめ、フラフラになって登校するようになった。学校や教師というものを拒否し、荒れるA子の生きざまに、担任としてなすすべを失っていた。胃に石ころを含むような重苦しさをかみしめながら、私は自分の無力を実感した。

ところが、幾度目かの停学期間中、家庭訪問をしたときのことである。彼女が静かに、「わたし、どうしようもない人間だと思う……」と、力なくつぶやくのであった。そのころ、どんなに周囲が騒ごうとも生きていくのは彼女自身なのだと、私は考えるようになっていた。人間は自分で自覚し、納得して行動しなければ変わることはできない。自分の納得したことを、納得した範囲でしかやれないものなのだ。そう思って接したなかで、彼女の心が内側から少しずつ開いていったのだと思う。こころの扉は外側から無理やりこじ開けることはできない。こころの扉には、内側にしか把手はないのである。

その数カ月後、東北への修学旅行が実施された。修学旅行の中心は民族歌舞団で修学旅行の受け入れもしている「わらび座」での民舞実習であった。A子は、当然のように白一色の「ツッパリ」スタイルで現れた。クラスでソーラン節を踊るとき、「踊るのは嫌だ」と太鼓をたたく係になった。最初はいい加減にやっていたが、わらび座の指導者や他の生徒たちの熱気のなかで、いつしか真剣になっていった。舞台発表の前夜、クラスで話し合いがもたれた。自分の悩みや胸のうちを率直に、まじめに語り合った。そうした雰囲気のなかで彼女が「もしかしたらわたし、髪の毛をなおすかもしれない」と、恥ずかしそうにいったのだった。

修学旅行から帰って書いた感想文集には、A子の「わらび座はハンパじゃなかった」という一文が残されていた。この時を契機に、A子は少しずつ変わっていったように思う。

とはいえ、A子はその後も小さなつまずきを繰り返した。しかし、その表情からは険しさがなくなり、ときには普通の少女のようなあどけなさをもみせるようになった。

卒業を控えて、A子はいくつかの大学を受験した。「大学生になってアメリカで派手に遊びたい」というのが受験の表向きの動機だった。しかし、受験に失敗しほどなくある事務所に勤めるようになった。今も続いているかどうか、私は知らない。ただ、きっと高校時代と変わらぬたくましさで、おそらくあの頃よりは賢明に生きていることであろう。

A子との出会いは、私にとって「生徒とは何か」という問いを考える大きなきっかけとなった。いってしまえば当たり前のことであるが、生徒は、親や教師とは別の人生を生きている存在なのである。生徒の人生は彼ら自身のものであって、教師や親は彼らの人生選択の援助者にすぎないのだということを教えられたのであった。

3 授業デザインの改革——教科書を捨てる生徒たち

それから十年ほどしたころ、教室である出来事に遭遇することになった。

定期試験の監督をして職員室に戻ろうとすると、今終わったばかりの問題用紙を丸めて捨てている生徒に出遇ったのである。「テストで試されるのはウンザリだ!」というような行いであった。同じような出来事は、学期や学年の終了時にも立ち現れた。プリントや教科書が教室のゴミ箱に山のように捨てられているのである。これらの生徒たちにとって、今まで学んできた時間は何だったのだろうか。これらの出来事には、「教えられること」にウンザリした生徒たちの心情が反映していると感じ、考えさせられてしまったのである。

そこで、授業にディベート学習の手法を取り入れ、現在進行中の社会問題を議論させてみた。ディベートとは、ある論題をめぐって、一定のルールのもとに論戦し、説得力を競う学習ゲームである。私の心配をよそに、教室の高校生たちは、死刑制度・教科書検定制度・憲法改正・原発・ODA(政府開発援助)等の難問を熱心に議論しているのである。一般的には、教室で討論が成立せず、生徒たちが意見をもたないとよく聞く。しかし、意見を述べ合い、それらを評価し合うということは、高校生の望んでいることなのだ(ディベート学習の意義と方法については第3章で詳述する)。

さらにその後、生徒たちの「ひとり学び」を促進したいと考え、自由研究に取り組んだ。自分のこだわりをもったテーマについて自由に研究して作品を完成するものである。すると、実に多様で創造的な作品が登場した。大学入試を控えた三年生であったが、私の予想以上に熱心に取り組んでくれた。

自分にとって意味のあることに取り組むことで、一種の没頭状態が生じたのである。そして、私は教えなくても熱心に学ぶことがあるということを痛感したのである（第5章第2節で詳述する）。

「授業とは何か」——教科書やテスト用紙を捨てる生徒たちの行為は、私にこのような問いを突きつけたといえる。そして、こうした拒否的な姿勢の対極には、新しい学びへの要求が存在していたのである。自分が納得し、こだわりをもって学ぶことに対するニーズの存在である。ディベート学習や自由研究に熱心に取り組む生徒たちの姿に接しながら、私の授業観がゆるやかに転換していった。生徒の豊かな学習経験を実現するために一定の時間と空間を用意し、生徒にとって意味のある試行錯誤を支援することが授業の中心であると思うようになったのである。

4 学校の再定義に向けて——三者会議の成立

十年ほど前のこと、学校の存立を揺るがすある事件に直面することになった。

入学式において、当時の校長が「日の丸」掲揚を強行しようとしたことに端を発する「紛争」の勃発である[2]。その年は、一九八九年版高等学校学習指導要領に基づく教育課程実施の初年度であり、この学習指導要領では「入学式、卒業式などの儀式等においては、…中略…、国旗を掲揚するとともに、国歌を斉唱するよう指導するものとした[3]」のであった。そのため、とりわけこの年度に始めねばという強い姿勢が、当時の校長や県教育委員会の側に存在したと思われる。

その意味では、この「紛争」の本質は、「日の丸」問題をめぐるイデオロギー的な対立というよりも、学校を教育行政のヒエラルキーの統制（管理）のもとにおくか、学校のオートノミー（自律性：自治）を保持するかが最大の争点となっていた。ただ、当時の校長の「個性」によってさまざまなバイアスが加わり、状況は混迷の極に達していった。一種の「学校崩壊」という事態が出現したのである。さしものこの「紛争」も該当校長の転勤を契機に一応沈静化し、正常な学校運営が復活した。

こうした一連の出来事を契機として、私たち学校にかかわる全ての人々にとって、それぞれどのような学校をつくりたいのかという問いが生まれたのであった。学校に直接関わる生徒・父母・教職員が、それぞれの思いや願いを持ち寄って学校を構成する。それは、生徒たちにとって意味のある時間と空間を用意し、試行錯誤をしながらさまざまな経験をし、生徒たちが生きる力を獲得するような場であってほしい。この一連の出来事の経験からうまれた新しい学校像は、そのようなものであった。

今日、教育行政の教育政策やマスコミの論調の多くは、学校改革を声高にうたいあげている。たしかに、学校は変わりつつあるし、変わらねばならないという面はあるだろう。だが、「何のために、どのように」変わるかが肝心なことである。端的にいえば、強いられた改革でなく、自らの理念とリソースを生かした自生的な改革が大事だということであり、学校改革における内発的発展[4]を展望したいのである。その際、学校に参画する構成員（教職員・父母・生徒）がそれぞれの思いを寄せ合って、無理のないプロセスで改革をすすめることを重視したい。このような原理ですすめられる営みを「エコロジカルでデモクラティックな学校改革」と呼ぶことにしよう。この高校においては、この「紛争」をくぐるなかで、次第にそのような改革の道が展望されるようになってきたと思われるのである。

5 反省的実践家としての教師

これまで私は、高校を舞台としたさまざまな人々の小さな三つのエピソードを記述してきた。通常の区分でいえば、生活指導・授業実践・学校経営というジャンルにかかわる話題をあげてきたことになる。そしてこれら三つの物語は、同時に「生徒とは何か」「授業とは何か」「学校とは何か」という「三つの問い」というかたちで、私の前に立ち現れた課題でもあった。私は、これらの問いや課題と向き合うなかで、「別の人生を生きる存在としての生徒」「意味ある時間と空間をデザインする授業」「試行錯誤と合意形成の場としての学校」という暫定的な把握を試みたのであった。

ところでこれらの問いの延長上に、あるいはこれらの問いを支える基盤としてもう一つの問いが伏在する。それは、「教師とは何か」という問いである。

教師が問題的場面に直面し、そこから新しい解決を探ろうとするとき、どのような思考と行動が求められるのだろうか。問題が深ければ深いほど、根源的《radical》な問いを発し、与件への問い直しが不可欠となる。生徒とは、授業とは、学校とは、そして教師とは……。それらの問いを通して新たな哲学を形成し、思考と行動のフレームをつくり替えていくことが可能となる。社会学でいうリフレーミング《reframing》の営みである。

現実には、生徒と教師のかかわり方は、おそらくさまざまな形がありうるだろう。子どもたちが多様である以上、具体的な場面での教師の対応も多様でなければならないからだ。最初から「こうあるべきだ」という思い込みを絶対視してはいけない。教育理論や教育技術というものも、個々の子どもの現実から出発し、実践のなかで検証することが必要だ。そのためには、絶えず経験を振り返りながらそれらを反省し、次の実践に生かしていく努力が必要である。反省的実践家《reflective practitioner》(5)としての教師の姿勢が問われているといえよう。

その場合、私自身の体験に照らして思うことは、反省的実践の環は、暫定的な理論の形成にあるということである。反省的実践とは、現実の実践をベースにしながらソフトな理論（仮説）を抽出し、それを拠り所としてさらに実践を行い修正を加えていくという営みに他ならないと思うからである。

「青い授業」と呼ばれて

今から二十年ほど昔のことである。あるクラスの卒業文集に、「四月九日。和井田先生の青い授業始まる」と書かれていた。当時は、「政治経済」の授業で、さまざまな社会問題を取り上げては社会的矛盾について熱弁をふるっていた。社会問題の矛盾を示し、解決の方向を示唆するスタイルの授業であった。教えるべき事柄はあらかじめ存在しており、その問題（および解決策）を生徒に伝達するものとして授業が位置づけられていた。私としては結構充実感を感じていたが、「青い授業」という表現のなかに、生徒側のもつ一種の距離感を感じたのも事実であった。

もっとも、「青い授業」だけをやっていたのではない。探究型授業の種も、このころすでに播かれていた。講義式授業の一方、ほぼ時代順に〈グループ研究発表、五分間スピーチ、政党研究、テーマ討論、論文執筆、ディベート学習、自由研究〉のような生徒の活動も位置づけてきたからである。このうち、テーマ討論では、テーマを自主的に決め、必ず自分たちで取材してナマの資料を使った発表をするように指導した。自分たちが工夫したナマの資料を用意すること、この条件が調査の姿勢を主体的なものとし、発表に迫力をもたせた。

例えば、横浜のファントム事故を取り上げた班は、事故現場を見学し、林和枝さんの父親に取材してその事故のもつ重い意味をあらためてとらえ直した。「合理化とたたかう人々」というテーマをとりあげた班は、その取材の一環として、三菱樹脂事件の高野達男氏を自宅に訪ね、彼のやさしさに感動し、その対極で企業のあり方をつきつめて考えざるをえなかったはずである。こうして、社会的矛盾や諸困難、それらに真正面から取り組んでいる人々の姿などを、生徒たちはその内面に刻みつけていった。こうした軌跡を思い返してみると、「青い授業」からの離陸というテーマが、私の内なる授業改革の出発点となったように思う。

注

(1) 佐藤学「教師文化の構造」稲垣忠彦・久冨善之編『日本の教師文化』東京大学出版会、一九九四年、所収、参照。
(2) 詳しい経過は、稲沢潤子『おおらかに自由の風よ』青木書店、一九九六年、参照。
(3) 文部省『高等学校学習指導要領解説　総則編』一九八九年、四六頁。
(4) 内発的発展とは、近代化における西洋モデルの押しつけを拒否し、低発展や過剰発展という病的発展を回避して、デモクラティックでエコロジカルな発展を展望する思想と行動の総体である。学校改革についても同じことがいえるのではないか。なお、この点に関する詳細は、以下を参照のこと。和井田清司「学校改革におけるエコロジカルアプローチ」『上越教育大学研究紀要』第二二巻第二号、二〇〇三年。
(5) ドナルド・ショーンの議論を下敷きにして、佐藤学らが提唱した新しい教職モデル。

第2章　カリキュラム開発と授業づくり

第1節　カリキュラム改革の課題――新教育課程の基本構造

(1)　新教育課程のアウトライン

激動の二一世紀に入り、学校教育の在り方が模索されている。一方で、明治以来の追い付き型近代化の過程で制度化された日本の学校教育システムの見直しがすすみ、他方で、激変する社会への教育的対応が求められている。そして現在、「ゆとり」のなかで「生き力」を育成するという目標のもと、学習指導要領の改訂を経て新しい教育課程が実施されている。

今改訂のねらいとしては、①豊かな人間性や社会性、国際社会に生きる日本人としての自覚を育成すること、②自ら学び、自ら考える力を育成すること、③ゆとりのある教育活動を展開するなかで基礎基本の確実な定着をはかり、個性を生かす教育を充実すること、④各学校が創意工夫を生かし特色ある学校づくりをすすめること、の四点が示されている。

今回創設された「総合的な学習の時間」（以下、適宜「総合学習」と略記）[1]も上記のねらいに即したも

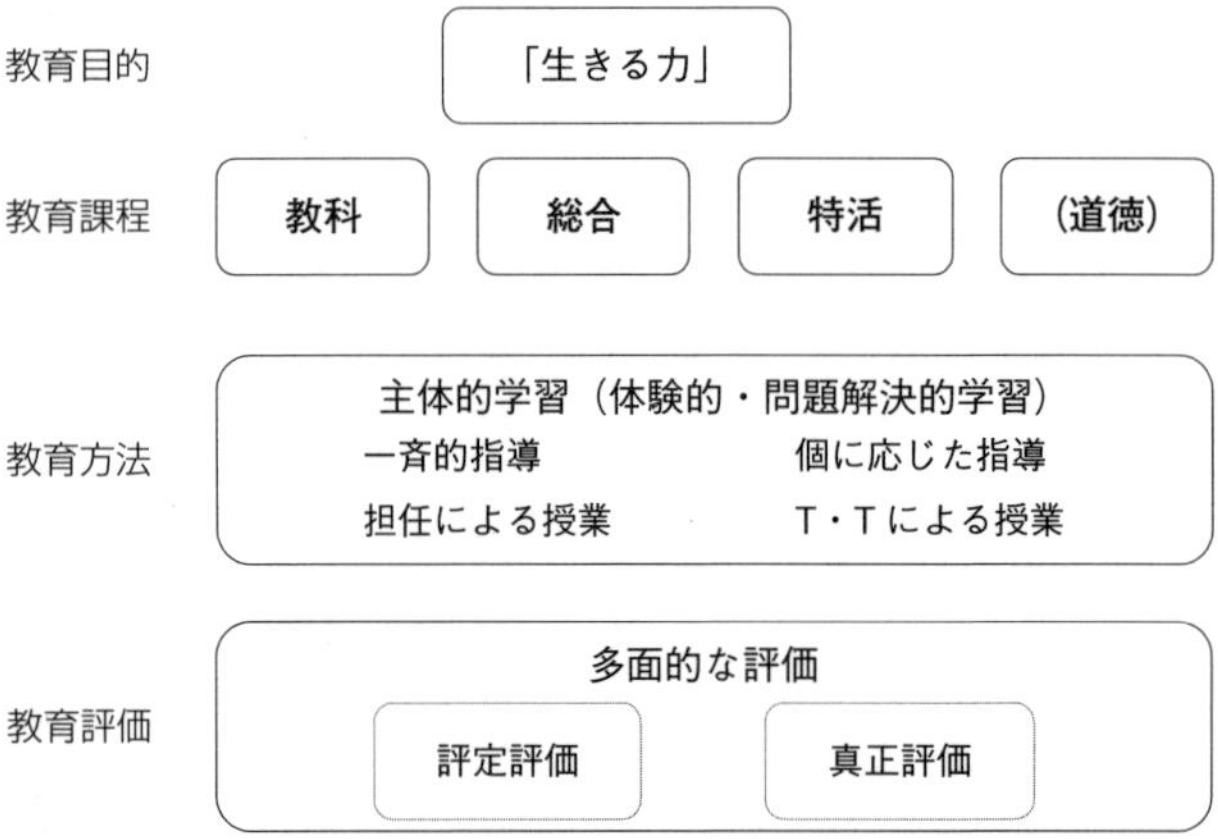

出典：高浦勝義『総合学習の理論・実践・評価』p.12 を参考に作成。

図 2-1　新教育課程の基本構造

のである。こうして、時代の変動に対応した新しい学びのかたちが要求され、同時に伝統的な授業の在り方を根本的に見直すことが要請されている。

ところで、今回の教育課程改訂の全体像は、図2-1のように整理できるであろう。[2]

この図を参照しつつ、新教育課程の基本構造を整理しておこう。

まず第一に、改訂のねらいを示す統合的概念として「生きる力」の育成が示されている。ここでいう「生きる力」とは、①自分で課題を見つけ、自ら学び、自ら主体的に判断し、よりよく問題を解決する資質や能力（知）、②自らを律しつつ他人と協調し、他人を思いやる豊かな社会性・人間性（徳）、③たくましく生きるための健康や体力（体）、のことを指している。

第二に、上記のねらいを具体化するため、総合学習の創設をはかり、小・中学校においては教科・道徳・特別活動・総合学習の四領域（四課程構造）、高校においては道徳をのぞいた三領域（三課程構造）をとることとなった。教育課程全体をどのような領域で構成するかは難問である。戦後の教育課程改革の変遷をみても、表2-1に示すように、時代により教育課程の構造は多様である。四（三）課程構造をとる今回の教育課程において、相互の独自性を明確にしつつ、各課程をどのように関連させて指導するか、重要な課題となるであろう。

第三に、学習指導における充実策がはかられている。ここでは、一斉的指導や担任による指導に加え、体験的・問題解決的学習や個に応じた指導、ティームティーチング等の導入による学習指導が重要な役割を与えられている。

第四に、評価の新視点が示されている。この場合、学習の結果のみでなく学習の過程を重視し、子どもの可能性や進歩を積極的に評価する工夫が求められている。また、従来の測定評価に加え、真正評価（authentic assessment）の観点も必要となる。特に総合学習の実践においては、数値にこだわらない評価の必要性が指摘されたことから、真正評価の一形態としてのポートフォリオ評価（portfolio assessment）が注目されている。

以上のような構造において、新教育課程のフレームが登場したのである。この場合、「生きる力」「個に応じた指導」「真正評価」という視点は、総合学習においてのみ配慮されるものではなく、教育課程全体を規定するものであることに留意したい。

表2-1　戦後学習指導要領の変遷

区　分	年　次	小学校・中学校	高等学校	特　徴　点
〈第1期〉 学習指導要領制定	1947～ 1951	1947.3 発行（試案） 1947.4 実施	1947.4 通達（新制高等学校の教科課程に関する件）	試案として学習指導要領を制定。自由研究，社会科，家庭科等新設。「教科課程」と呼称。高校は指導要領ではなく「通達」を発行し代替とした。
〈第2期〉 第1次改訂	1951～ 1955	1951.7 発行（試案）	1951.7 発行（試案）	試案として継続。自由研究を廃止し，特別教育活動とした。それにともない「教育課程」と呼称。経験主義カリキュラムの到達点と評価される。
〈第3期〉 第2次改訂	1956～ 1960	1955.12 発行 （社会科編）	1955.12 発行 1956.4 実施（学年進行）	教育の「逆コース」を反映し，新教育の理念が後退した。「試案」が消え，国家基準性への指向が示された。
〈第4期〉 第3次改訂	1961～ 1970	1958.10 告示 1961.4（小） 1962.4（中）実施 （1958.10 道徳のみ実施）	1960.10 告示 1963.4 実施（学年進行）	官報「告示」となり，国家基準性が強化された。経験主義から知識主義への転換がはかられた。また，小中に「道徳」が導入され，高校では「社会」やホームルームで道徳が扱われることとなった。
〈第5期〉 第4次改訂	1971～ 1979	1968.7（小） 1971.4（中）告示， 1969.4（小） 1972.4（中）実施	1970.10 告示 1973.4 実施（学年進行）	教育の現代化の影響を受け，知識主義の傾向が強化された。高校の科目は難易度の違うA（易）・B（難）両科目が徹底した。
〈第6期〉 第5次改訂	1980～ 1991	1977.7 告示 1980.4（小） 1981.4（中）実施	1978.8 告示 1982.4 実施（学年進行）	教育の人間化の影響を受け，内容の精選がはかられた。体験学習や合科指導など方法上の工夫が推奨された。高校では現代社会や理科Iなど導入的科目が登場した。
〈第7期〉 第6次改訂	1992～ 2001	1989.3 告示 1992.4（小） 1993.4（中）実施	1989.3 告示 1994.4 実施（学年進行）	新しい学力観が提起され，小学校で「生活科」が誕生した。高校では，社会科が地歴科・公民科に再編され，家庭科が男女共修となった。
〈第8期〉 第7次改訂	2002～	1998.12 告示 2002.4 実施	1999.3 告示 2003.4 実施（学年進行）	「ゆとり」のなかで「生きる力」の育成をはかるため，学習内容が「厳選」され「総合的な学習の時間」が創設された。
	（一部改訂）	（2003.12 告示， 2004.4 実施）		学力低下批判を受け，異例の見直しとなった。学習指導要領の最低基準化，「総合的な学習の時間」の指導強化，習熟度別指導の徹底など，軌道修正がはかられることとなった。

(2) 学習指導上の要点

前述した新教育課程のアウトラインを具体化する場合、どのような配慮が必要だろうか。ここでは、重要と思われるいくつかの概念をとりあげ、整理しておくこととしよう。

1 個に応じた教育

教育課程改革のねらいの一つとして、個性を生かす教育があげられる。そうした主旨を生かすためにも、個に応じた指導の充実が求められている。この場合個に応じるとは、個人差（individual difference）に対応した教育と考えられる。学習速度・学力達成状況・認知スタイル・興味関心・生活経験等が個人差の主要な部分である。

いま、教育内容および教育方法の決定を、教師と生徒のどちらの主体が重視されるかによってマトリックスをつくってみると、表2-2のようになるであろう[3]。

表2-2　指導形態の４類型

		教育方法	
		教師決定	生徒決定
教育内容	教師決定	①	②
	生徒決定	③	④

この場合、①内容・方法ともに教師決定、②内容は教師・方法は生徒の決定、③内容は生徒・方法は教師が決定、④内容・方法ともに生徒が決定、となる。このうち、①は従来の一斉指導の形態である。また、②④が方法を生徒が決定する事象であり、指導の個別化と考えられる。指導の個別化は、個

人差のうち学習速度・習熟度・学習スタイルに適合した学習形態である。つぎに、③④は内容を生徒が決定するものであり、学習の個性化と考えられる。学習の個性化は、個人差のうち、興味・関心や生活経験の違いに対応する学習形態である。

ところで、指導の個別化・学習の個性化とは、いずれも内容および方法の決定類型であり、どれが価値的にすぐれているかを示すものではない。一斉授業（①）も個別化・個性化（②③④）授業も、価値としては等価である。言いかえれば、良い一斉授業も悪い個別化・個性化授業も、いずれも存在する。したがって、両者のメリットを機能的に使い分けることが必要なのである。

ただ、従来の授業のかたちが、あまりにも一斉授業（①）に傾斜していたこと、さらにややもすれば画一的な内容・方法に陥りがちであったこと、この点が問題なのである。すべてを一斉画一授業のなかに流し込むことなく、必要な範囲での一斉指導と適切な個別化・個性化指導とを組み合わせることが大事である。その際、小学校段階では①の比重が高く、高校や大学では④の比重が相対的に拡大するであろう。

2 学習環境の整備と運用

日本の通常の授業では、教師が直接生徒を教えるというパターンがいまだ支配的である。この場合授業形態は、教師－生徒という man-to-man system のかたちをとる。知識や技能の伝達を主とした授業に多い形式といえる。それに対して、生徒の探究を支援する授業では、生徒の学習を教師が援助するスタイルをとる。この場合授業形態は、生徒が学習環境に働きかけるかたちをとるので、man-to-environment system といえる。(4) 後者では、とりわけ学習環境のしつらえが重要な意味をもつのである。

3 評価活動改善の視点

授業には常に評価がつきものである。ところで、そもそも評価とはどのような行為であろうか。続有恒は、教育評価は教育する者が行う自己評価であり、それは自己調整のために行われる旨、主張している。(5) 教育は目標追求活動であり、そうである以上、現状と目標との関係を常に把握して調整することが不可欠である。現状を把握し調整のための値踏みをする行為が評価（evaluation）であり、現状を把握すること自体は測定（measurement）にあたる。したがって、測定即評価とは必ずしもいえない。測定は評価のための手段に過ぎないからである。従来、ともすれば測定即評価というとらえ方が支配的であったが、その点のとらえ直しが必要となっている。

評価のスタイルは、授業スタイルに相応する。知識伝達型の授業においては、通常、教師が教えたことの定着度を計測する評価が行われる。評価主体は教師であり、評価基準は教師側の目標に対する生徒側の到達度である。しかもそれらは、共通の基準で数値化され、したがって序列化が可能なかたちで示される。このような評価は、教師が生徒の達成度を判定するかたちをとるので権威的な性格の評価といえる。到達度の測定が中心となるので、こうした伝統的な評価のかたちを「測定評価」と呼ぶことができる。

それに対して、生徒の探究を支援するタイプの授業では、生徒による自己評価が重要となる。学習をふりかえり、自分なりにやれたという達成感、生徒相互や教師からの示唆を受けた認識の深化、新たに生まれた疑問へのさらなる追究等が重視される。これらは生徒や教師が学習をふりかえりながら試行錯誤する性格を持つので、学習履歴に対する反省的思考を基本とする評価といえる。前者が結果重視であるとすれば、後者は過程重視と見ることもできよう。

反省的な評価の具体的な事例として、ポートフォリオ評価が注目を集めている。そこには、つぎのような背景がある。すなわち、一九八〇年代後半からアメリカを中心に新しい評価の在り方が議論されてきた。標準化されたテストで問われる知識は、しばしば断片化し、現実の世界から遊離し、画一化・形式化したものとなりがちである。その反省に立ち、実際の社会で必要とされる力を評価すべきである。そのような評価は総称して真正評価と呼ばれ、その代表的な事例としてポートフォリオ評価が普及している。ポートフォリオとは紙カバンのことだが、生徒の作品を収集し、それを評価材にするという意味である。

アメリカの中等学校のなかには、生徒作成のポートフォリオに基づいて卒業を認定するところもある。セントラルパーク・イースト校（ニューヨーク）では、一四のジャンル（①卒業後の展望、②理科・技術、③数学、④歴史・社会、⑤文学、⑥自伝、⑦奉仕活動・学校外研修、⑧倫理・社会問題、⑨美術・美学、⑩実践的技能、⑪メディア、⑫地理、⑬英語以外の言語、⑭体育）のポートフォリオを生徒が作成し、そのうち七つを専攻、その他七つを副専攻として登録し、合否の判定を受ける。[6] そして、これらのなかの一つが最終的な卒業プロジェクトとして特別に認定され、卒業資格が付与される。その判定や認定には、指導教官の推薦に基づき、卒業審査会（二人の教職員・生徒が選任した大人一人・本人以外の生徒一人で構成）の承認が必要とされる。ポートフォリオ評価はこのような発展型もある。

(3) 学習指導要領一部改定の動き

教育課程改革が実施段階をむかえようとした直前、学力「低下」批判の圧力への対応から、文部科学省は「学びのすすめ」を出して軌道修正をはかりはじめた。二〇〇二年一月のこのアピールでは、学習指導要領最低基準化、習熟度別指導、家庭学習励行、確かな学力、学力向上フロンティア事業等のコンセプトが打ち出された。その後、教育行政からは矢継ぎ早の改革指針が展開され、そうした一連の行き着く先が、異例の「学習指導要領の一部改正」として実現した。その主な変更点をあげると次のようである。

① 学習指導要領の最低基準化の明示
「はどめ規定」をなくし、発展的学習を推奨した。
② 総合学習の指導強化
各教科との関連の配慮、いわゆる「知の総合化」の視点の強調、目標・内容・全体計画の徹底など、

全体として指導の強化が示されている。

③　個に応じた指導の推奨

例示として習熟度別指導・補充的指導・発展的指導などが示された。

こうして、世紀末の教育課程改革の理念は、新世紀の幕開けとともに別の顔を現しつつあるような気配である。学力「低下」や学習意欲の喪失という現象は、改訂以前の教育課程において生起してきた問題事象と理解しうるはずである。そのため、「ゆとり」のなかで「生きる力」を育むとして、学習内容の「厳選」や総合学習の創設等による学びの質的転換を図ろうとしたのではなかったのか。しかも、週休二日制をみこして削減した学習内容をパイが変わらないまま天井なしの発展的学習を認めるとしたら現場の対応に困難を生みはしないだろうか。

第2節　生徒が探究する授業づくり

(1)　カリキュラム開発の視点と方法

1　カリキュラムと単元の考え方

新教育課程は、「生きる力」を育成するために、教科・特別活動・道徳・総合学習の全体において、学習主体である子どもたちが意欲的に学ぶ方法を工夫し、そのねらいの達成度や課題を調整するシステムを構築するものであった。こうした一連の教育実践は、つまるところ子どもたちが探究する授業づくりの課題に集約される。学校で大半の時間をすごす授業の時間が、子どもたちに質の高い経験を用意することにならなければ、学校教育の改善はおぼつかないからである。

ところで、授業では、どのような学習内容を扱うかが明確でなければならない。そこで、学習内容を計画的に用意したものがカリキュラム（curriculum）や単元（unit）である。単元とは学習内容のひとまとまりのことを指す。カリキュラムや単元の意味も、授業スタイルに応じて微妙に異なってくる。

日本の場合、学習指導要領（course of study）や検定教科書というかたちで教えるべき内容が上から示されてきた。そのため通俗的には、教科書の内容全体がカリキュラムで教科書の章や節が単元と考えられている。日本では、このように、教える内容が国家基準で決められており、個々の学校や教師がカリキュラムをつくるという発想は薄い。

ところで、カリキュラムの語源は、ラテン語の currere（「走る」の意）に由来する。カリキュラムは「走路」という意味であり、そこから人生の来歴を意味するものになった。履歴書が「C.V.（curriculum vitae）」と呼ばれる理由がここにある。カリキュラムが教育用語として転用されるようになったのは宗教改革以後のことである。当時は決められた走路を無理矢理走らさせるという意味で、否定的に使われていた。それが、その後の教育改革（新教育）の動きのなかで、児童・生徒の学習体験を指す言葉として再定義されたのである。意味の転用という点では、「衆愚政治」というマイナスイメージで語られてきたデモクラシー（demos + klatia → democracy）が、市民革命の渦のなかで再定義されるにいたるのと同じ経過をたどっている。

このような歴史を反映して、カリキュラムや単元にも二様の意味が認められる。一方は、教育内容のリストそのものを指し、他方では学習履歴を意味する言葉となる。前者が教材カリキュラム（教材単元）であり、後者が経験カリキュラム（経験単元）である。

日本の経験をふりかえれば、戦後初期の段階では経験カリキュラムという観点が重視された。その後、系統主義への移行とともに、カリキュラムといえば通常教材（教育内容）カリキュラムを指すようになった。しかし、近年、新しい学力観や総合学習の提起など、経験主義の教育に回帰するような傾向も看取される。

2 カリキュラムの「四つの層」

近年、カリキュラム概念に関する新たなとらえ直しが始まっている。[7] この場合、カリキュラムは次の四層、すなわち、①制度化されたカリキュラム（学習指導要領や検定教科書レベル）、②計画されたカリキュラム（地方や各学校での年間指導計画レベル）、③実践されたカリキュラム（教授者の授業実践レベル）、④経験されたカリキュラム（学習者の学習経験レベル）、において理解される。このうち、①～③が意図されたカリキュラム、④が意図されなかったカリキュラムである。前者が意図的な営みであるのに対して、後者が必ずしも意図通りには経験されないからである。隠れたカリキュラム（hidden curriculum）とは、これら両者のギャップに注目した命名であった。

こうした四つの層の存在は、教師の経験に照らせば自明のことである。教師が周到な教材準備のうえに熱弁をふるっても、子どもたちは窓の外をながめて退屈さに堪えているという風景もありうるであろう。逆に、教師のなにげない言葉や振る舞いが子どもたちに強いインパクトを与えることがある。教育意図と学習経験は予定調和的に一致はしないものなのである。そうであれば、④の学習経験のレベルでの状況をモニターして、授業の内容・方法・評価を調整する工夫が必要となろう。そこに子どもの視点に立ったカリキュラム開発の焦点がある。

3 学校を基礎にしたカリキュラム開発

新教育課程において創設された総合学習は、学校を基礎にしたカリキュラム開発[8] (School Based Curriculum Development：以下「SBCD」と略記) を必要とする。SBCDはカリキュラムの意思決定を中央集権的な発想から地方分権的な発想に切り替えるものである。この場合、カリキュラム開発の場を学校、カリキュラム開発の主体を教師と措定し、学校の現実に即したカリキュラムを開発することとなる。このSBCDの発想は、一九七〇年代、欧米における教育の地方分権化の風を受けて提起され、教育の国家管理の対極に学校の自律性を主張する草の根運動として生起したものである。その後、SBCDの動きは、国および地方のカリキュラムとの関係や学校および生徒の状況分析を生かした実際的な方法をともないつつ進化し、拡大している。

日本の場合、SBCDの経験は乏しい。戦後学習指導要領が「試案」として発行され、その試案を

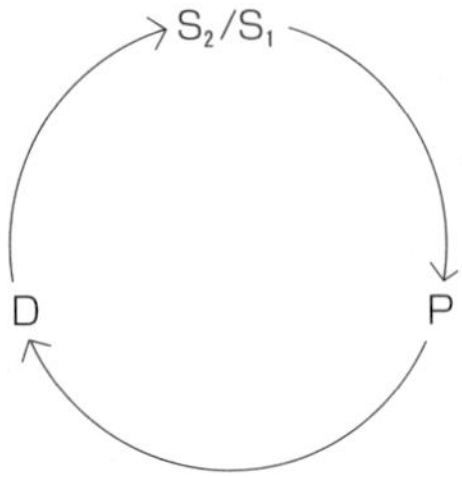

図2-2 SBCDのステップ

参考に地域や学校で独自のカリキュラムが作成された。だが、一九五八年版の学習指導要領が官報告示となり、国家基準性が付与されると、草の根のカリキュラム運動は下火となった。そのもとで、何を教えるか（教育内容）より、如何に教えるか（教育方法）に重点が移り、カリキュラム研究より授業研究が隆盛することとなった。そうした流れからみると、一九九八年版（高校は一九九九年版）学習指導要領によって総合学習が登場したことは、部分的にではあれ、四〇年ぶりにSBCDの実践が可能となり、同時に必要となったことを意味している。

ところで、SBCDにおいては、教師の役割が変容する。それは端的に、カリキュラムの使用者（user）から開発者（developer）への変化として概括できる。カリキュラム開発者としての教師は、学校・子どものニーズやカリキュラム資源の状況分析をふまえ、カリキュラムを計画し、実践し、評価し、調整する役割を保持することとなるのである。その際、SBCDにおいては、どのようなステップが必要とされるだろうか。いまその過程を整理すれば、図2-2のように示すことができる。ここで、S_1とは学校・地域や生徒の状況分析のことである。生徒の実態やニーズ、地域や学校のリソースを分析することで、「今ここ」からの授業の立ち上げが可能になる。次のPとはカリキュラム編成のことである。また、Dとは具体的な授業実践を指す。そして、S_2とは評価のことである。よく〈計画P→実践D→評価S（Plan→Do→See）〉のサイクルが主張される。総合学習の実践を契機に、

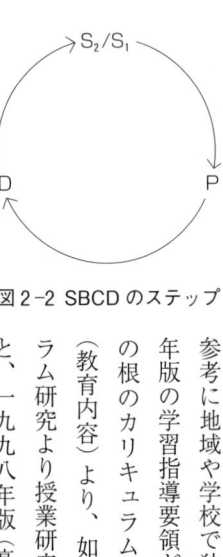

さらに発展させて〈状況分析S_1→計画P→実践D→評価S_2〉というサイクルを工夫することが大切となる。

近年、総合学習のとりくみを一契機として、SBCDの導入と成熟化がみられるようになった。その意味はこうである。第一に、総合学習の実践では、多かれ少なかれ学校単位のカリキュラム（総合学習の各校版学習指導要領）を作成することが不可欠となっている。第二に、シラバスの作成や授業評価が普及してきた。ここでは、授業の目標・内容・方法・評価に関する学習者側への配慮や満足度が問われている。教室や学校単位において、カリキュラムの説明責任（カリキュラム・アカウンタビリティ）の課題が登場してきたのである。第三に、カリキュラムの作成過程に生徒や親の参加を試みるとりくみが生まれている。欧米では、親や生徒が、国・地方・学校段階でのカリキュラム作成に関与することは常識となっている[9]。近年日本においても、そのようなとりくみが拡大している[10]。それらの経験が交流され、成熟化していくことを望みたい。

(2) 授業改革の課題

1 授業デザインの改革

近代学校教育制度の導入とともに始まった一斉授業の様式のもと、やがて教授法の定型化が促進された。訓育的教授と形式的段階を中心とする〈公教育教授定型〉[11]（稲垣忠彦）の成立・拡大である。かかる教授定型からの離脱をもとめ、第一次新教育（大正自由主義教育）、第二次新教育（戦後の経験主義教育）の実践がこころみられた。だが、授業定型のインパクトは強く、今日に至るも学校教育の古層として固着している。

そのような現状から授業改革の課題を端的に指摘すれば、明治以来の伝統的授業の形式を問い直し、授業スタイルの革新が求められている。もっとも問題は、伝達型の授業や教える行為そのものにあるのではない。伝達型授業や教える行為が、一斉画一授業や「教え込み」に陥ることが問題なのである。一方、探究を支援する授業スタイルが万全というわけでもない。適切な学習支援のない支援型授業は学習の無秩序化であり、混乱を助長する。要は、これらをどう機能的に組み合わせるかにある。その意味では、表2-3に例示した伝統的モデルと革新的モデルをうまく組み合わせ、機能的に授業を構成する工夫が必要なのである。

表2-3　授業モデルの２つのかたち

	伝統的モデル	革新的モデル
授業スタイル	伝達型授業	支援型授業
授業の形態	一斉授業	個別化・個性化
めざす学力	知識・理解	問題解決
単元の組織	教材単元	経験単元
まとめの形	Closed End	Open End
評価の方法	測定評価	真正評価

授業の内容・方法・評価は一体のものであり、授業改善のためには、授業の諸要素を総体として改革していくことが必要である。授業総体の改善にむけてどのような授業を設計していくかが問われている。換言すれば、授業デザイン（design = de + sign：定型 sign からの離脱）の改革が求められている。そして、授業改革は、教育改革を根底で支え、新しい学校の在り方を切り開いていくものである。

2　自律的探究学習にむけて

　子どもたちの探究する授業をどのように創造したらよいのだろうか。そこで、めざすべき授業デザインとして、自律的探究学習をあげ、この定義と方策について考察しよう。

「自律的学習」の対義語としては「他律的学習」が想定できる。指導者の指示によって学習をすすめるかたちであり、通常の授業において多くみられるものである。両者（他律–自律）はともに必要なことである。また、「探究」とは、生徒が自分の関心や問題意識に導かれて問題解決にあたることであり、「問題解決学習」とほぼ同義と考えられる。「探究」の対義語としては「（知識）伝達」が想定される。知識伝達型学習も探究型学習もともに必要な授業のかたちではあるが、日本では伝達型が支配的であることから、近年特に探究型の指導が求められるようになってきたのである。

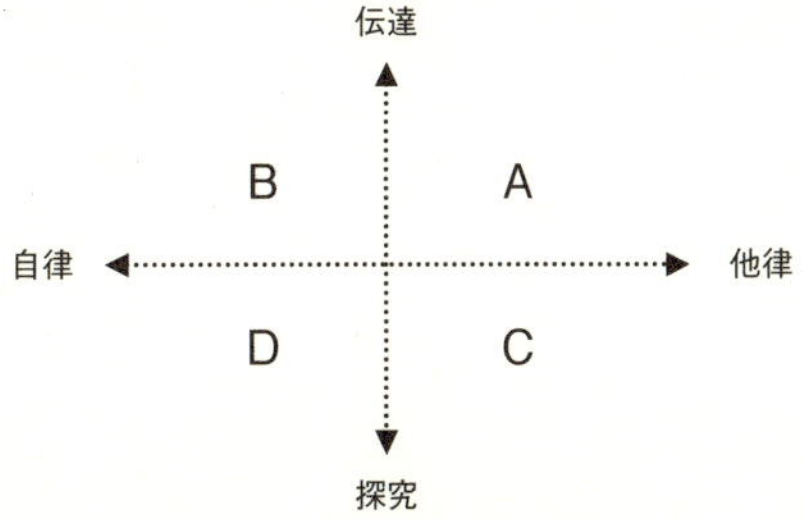

図２−３　学習態様の４類型

　以上のような前提をふまえるとき、自律的学習をめざした授業改革の方向は、次のような構図において示すことができる。

　こころみに、学習態様（mode）の類型を①他律–自律、②伝達–探究という二つの軸によって整理すると、図2–3の四事象が得られる。この四事象を仮にＡＢＣＤによって示すと、それぞれは次のような特質をもつといえる。

Ａ　他律・伝達学習（定型化した通常の授業が想定される）

B　自律・伝達学習（個別化教育における自由進度学習の授業が想定される）
C　他律・探究学習（教師が論題を指定するディベート学習やテーマを指示した研究発表学習等が想定される）
D　自律・探究学習（戦後の「自由研究」や「時事問題」、総合学科・専門学科・高校理科諸科目において制度化されている「課題研究」、および総合学習の実践枠等が想定される）

この四事象において、探究学習と自律的学習の両者はD事象においてクロスする。学習がD事象にむかって進化することが、自律的探究学習の実現を可能にする。だが、その実現は容易ではない。

まず第一に、A事象からD事象へと一挙に飛躍することは難しい。他律的伝達学習（A）の地層が厚い教室文化のもとで、自律的伝達学習（B）や他律的探究学習（C）の経験を豊富にくぐりながら徐々に自律的探究学習（D）へと進化することが考えられる。〈A→B→D〉および〈A→C→D〉の経路を意識することである。自分で目標を設定し自分のペースで学ぶ機会の拡大やディベート学習・課題探究学習等の訓練が重要となるのである。

第二に、生徒の自由に任せても自律的学習は実現しない。自律的学習の実現のためには、適切な学習支援が求められる。教師による学習場面の設定を受けて生徒が学習を始めるが、その学習が自律的学習へと発展するには、およそ三つの学習支援の要因が必要となる。第一は学習空間の整備であり、ここでは教室内外における学習のフィールドを適切に準備することが必要となる。第二は探究ツールであり、課題の設定・追究・結果の整理・成果の発表等を効果的にすすめるための技術の総体である。

第三は支援体制であり、教師間あるいは教師と外部支援者間のネットワークの構築である。これら三つの要因は、それぞれハードウエア・ソフトウエア・ヒューマンウエアの整備と表現することができる。したがって、学習支援には「三つのウエア」が必要と考えることができるのである。

夜間中学と出会った高校生

テーマ討論（グループごとにテーマを決めて取材し、発表し、討論する学習）で夜間中学のことをとりあげた班は、松崎運之助さんを氏の勤務する夜間中学に訪ねて取材した。生徒たちのとまどいがちな質問に、松崎氏はさわやかな微笑をうかべながらていねいに答えてくれる。夜間中学の生いたち、氏自身の夜間中学との感動的な出違い、夜間中学生たちの群像、学校のカリキュラムや行事、夜間中学に対する行政側の不誠実な姿勢など、具体的に、わかりやすく語ってくれる。インタビューの後、教室などの施設をひとわたり見学し、貴重な資料を見せていただいた。おそらく、生徒たちはこの日のことをずっと忘れないだろう。こうした準備のもとに、この班の提案はすすめられた。

まず、放送委員でもあるM子が、厚紙で型どったテレビから顔をのぞかせるようにして、アナウンサー風に語りかける。

義務教育から切り捨てられ、文字と言葉を奪われて生活を破壊されてきた多くの人々の存在は、今日の日本の教育の「繁栄」がみせかけであり、実際は不平等で深く病んでいることを示している。夜間中学は、これら義務教育から疎外された人たちの真剣な教育要求の声に、善意の教師たちが応急的に学ぶ場を設けたことに始まる。戦後日本の教育の底辺＝夜間中学の苦難にみちた歴史と今日の実態、そしていま私たちのなすべきことはなにかを明らかにする待望の発表である。

つづいて、三十数歳の夜間中学生Kさんの実話にもとづいた紙芝居の上演。貧しさのため文盲のまま成長したKさんは、子どもが小学校に入学する折、「自分の子どもの持ち物くらいせめて自分で名前を書いてあげたい」と思い、夜間中学の門をたたく。入学した時の緊張感、文字を学んでいくそのときどきの喜び、そのあい間に描かれるKさんの生活の重さ。こうしたエピソードが聞く者の心をゆさぶる。

さらに、夜間中学の歴史、規模、概要などについて、年表やOHPを使った発表がつづく。高度に発達した豊かな日本。その対極に存在する夜間中学。貧しさと悲惨さのかたまりをその生いたちにぬりこめて、夜間中学生が存在する。そうしたものの存在を切々と訴えかけながら、彼らにとって憲法や福祉はいったい何であったのか、という問いかけでその班の提案は終了した。

夜間中学を訪ね、資料をさがし、読み、まとめ、発表にむけて準備していく中で、夜間中学のテーマは、人の生き方や福祉・教育のあり方、行政への問いかけへと発展していった。学ぶという営みはおのずからそのようにふくらんでいくものなのではないだろうか。

なお、このクラスは討論を経て、文化祭に夜間中学をとりあげることに決定した。夏休みに合宿をして八ミリ映画を製作し、文化祭当日に上映した。その日、松崎氏が夜間中学生数名とともに来校され、思いがけずうれしい交流会をもつことができたのであった。

（一九八四年）

第3節　学力向上と学校の自己点検・自己評価

1 学校選択時代の到来と自己点検・自己評価

学校選択時代が到来した。個々の学校がそれぞれの特色を主張し、地域社会にアピールすることで評価される時代が始まった。規制緩和と地方分権の推進により、中央集権的で画一的な教育制度が解体し、地方教育委員会や各学校の自助努力と自己責任の風潮が強まっている。そのもとで、学校が生徒・保護者をコントロールする「生産者優位」の時代は終焉をとげ、学校が生徒・保護者から選ばれる「消費者優位」の時代が始まったといえる。

選ばれる立場となった学校は、学校運営の目標・計画・実施状況等について公開し、理解と支援を求める必要に迫られている。そのための前提として、「自己点検・自己評価」が求められることとなった。この自己点検・自己評価は、直接的には、「小学校設置基準及び中学校設置基準の制定」（二〇〇二年三月、文科省）が契機となり提起されたものである（高校も、小中学校の規定を準用する）。小学校の場合を例にとれば、第二条において、「小学校は、その教育水準の向上を図り、当該小学校の目標を実現するため、当該小学校の教育活動その他の学校運営の状況について自ら点検および評価を行い、その結果を公表するよう努めるものとする。前項の点検及び評価を行うにあたっては、同項の趣旨に即し適切な項目を設定して行うものとする」と規定されている。また同第三条では、「小学校は、当該小学校の教育活動その他の学校運営の状況について、保護者等に対して積極的に情報を提供するものとする」と指摘されている。こうして、自己点検・自己評価の実施と、その積極的な公表がなかば義務づけられたのである。

学校の実践状況の点検・評価・公開をめぐるこうした動きは、民主主義社会の前提としての情報公開制度の普及・深化やグローバル化した社会における大競争時代の到来という時代背景を反映したものである。また、地方分権改革下における教育行政の権限委譲の結果、地方教育委員会や個別学校現場レベルの裁量権が拡大し、それに伴って説明責任もまた不可欠になったことによるものである。こうした一連の動きは、学校を閉ざされた空間から開かれた場に転換する方向を模索するものであり、基本的には歓迎すべき動きである。さらに付言するならば、設置基準の明確化は、廃校等を利用した公私協力の学校設置やチャータースクールなど多様な学校の登場を可能にするものである。

ところで、固定した枠組みのなかでルーチンワーク化した従来の学校にとって、学校選択時代における自己点検・自己評価は「眠りを覚ます蒸気船」の刺激を与えるものであろう。その意味では、学校改革の起爆剤となりうるものである。

だが同時に、自己点検・自己評価のために形式を整えたり、見栄えの良い活動のみに特化することとなれば問題であろう。そのため、自己点検・自己評価をめぐっては、どのような目的によって、何を、どのように「点検・評価」し、その結果をどのように生かすかが問われることであろう。

2 学力重視の時代風潮と教育施策

自己点検・自己評価は、学校ごとに「適切な項目を設定して行うものとする」とあるように、特に定型が制度化されているわけではない。だが、地方レベルの行政指導のなかで、一応の雛形が用意される場合が少なくない。例えば、ある県の手引きでは、学校教育目標の達成課題として以下の一五分野があげられている。

①人権・同和教育の推進　②基礎学力の向上　③授業方法の向上
④体験学習への取り組み　⑤生活・生徒指導の強化　⑥進路指導の充実
⑦総合的な学習への対応　⑧地域・家庭との連携　⑨開かれた学校づくり
⑩環境・情報教育の充実　⑪スポーツ教育の推進　⑫生きる力・人間性の開発
⑬職場の活性化　⑭教職員の能力開発　⑮事務の効率化

これらの項目をみると、学校における教育実践のすべての領域が対象とされている観がある。これらの項目のうち、近年比重の増しているものの一つが学力向上の取り組みである。以下に述べるように、学力向上が文部科学省における教育政策の重点課題に浮上してきたことを反映したものである。

周知のように、今次学力問題のきっかけは大学理系教官による「分数ができない大学生」の告発であった。おりしも、「ゆとり教育」(「ゆとり」のなかで「生きる力」の育成を提唱)を表象する新学習指導要領が成立し、学習内容の「三割削減」が喧伝された。そのため学力低下論の論調は、通産省や経済界などの間接的な支援も受けつつ力を増し、批判派の間から新学習指導要領撤回が提起されるまでになった。
こうした批判を受け止めてのことであろうが、二〇〇二年度から新教育課程が本格実施される直前、文部科学省は「学びのすすめ」(二〇〇二年一月)を提唱し、学力重視の方針を鮮明にした。そのため、「ゆとり教育」政策と学力重視政策とが同時進行ですすめられるという複雑な状況が生起することとなった。

学力重視政策の延長線上で、文部科学省は、「確かな学力」の向上のため「学力向上アクションプラン」を二〇〇三年度より実施している。ここでいう「確かな学力」とは、①揺るぎない基礎・基本、②思考力・表現力・問題解決能力、③生涯にわたって学び続ける意欲、④得意分野の伸張、⑤旺盛な知的好奇心・探求心のことを指す。この「確かな学力」を向上させるためにとられている施策として、個に応じた指導の充実(習熟度別指導などのきめ細かな指導の実現)、学力の質の向上(学ぶことの楽しさを体験させ、学習意欲を高めるとともに、学びの質を向上させる)、個性・能力の伸張(特定分野において卓越した人材を育成)、英語力・国語力の増進(英語によるコミュニケーション能力の飛躍的向上とその基礎となる国語力の向上)の四つの柱が強調されている。そして「個に応じた指導の充実」の一環として「学習指導カウンセラー」派遣事業が新規に開始され、全国調査で学力を把握したうえで、研究者等の派遣により、自己点検・自己評価を支援するとされている。

文部科学省の方針「転換」を受けて、地方レベルでも学力重視策が勢いを増してきた。それを象徴する出来事が、地方教育委員会レベルで幅広く実施されている学力調査である。

そこで、先進的な教育改革に取り組んできた事例として品川区の場合を参照しよう。同区では、独自の学力定着度調査を実施している。ホームページによれば、「その成果（同区独自の改革案であるプラン二一の成果――引用者）を検証するとともに、生徒の基礎・基本に関わる学力の定着度を明らかにし、指導法の改善を図るため、品川区独自の学力定着度調査を実施」するとしている。具体的には、中学校一年生にたいして、国語・数学につき、各五〇分の「学力定着度調査問題作成委員会」（小中学校の校長・教頭および教員で構成）による調査問題を作成し、年度当初に実施する。各中学校では、統計処理データを出身小学校別に出力し、小学校へ情報提供する。小学校ではそのデータから自校の実態や課題を把握し、指導法の改善をはかる資料とする。調査結果は生徒の実態を把握するためのデータであり、その後の指導、例えば、習熟度別学習のクラス分け等に活用するという。また、外部評価者に対し、学力定着に関する評価のために、自校および区全体の傾向等の資料を提供するものとされる。なお、地方教育委員会のなかには、学力調査の結果を学校ごとに公表するところも現れ、波紋を呼んでいる。

こうして、教育をめぐる時代風潮とともに教育行政施策としても学力向上の取り組みが勢いを増しているのが現状である。ただ、学力問題は、「学力」のとらえ方が一様でないうえ、当為論・実態論・政策論が錯綜し難しい問題領域を構成している。以下、学力問題の草むらに分け入り、若干の交通整理を行うこととしよう。

3 「学力問題」のアポリア

「学力問題」とは何であろうか。この問いは、①「学力とは何か」、②「(学力をめぐる)何が問題なのか」という二つの問いに分節化することが可能である。

まず、第一の学力の概念規定についてみると、行政文書は次のように規定する。

「学力については、従来から、『読・書・算』の能力に限定してとらえる考え方と、理解力、思考力、創造力、問題解決能力などまで含める考え方がある。ともすれば、過度の受験競争や偏差値偏重の風潮のなかで、知識の量の多少によって学力をとらえる傾向が強かったことも事実である。しかしながら、学力については、これまで示したように、知識の量の多少によってとらえるのではなく、学習指導要領の示す基礎的・基本的な内容を確実に身につけることはもとより、それにとどまることなく、自ら学び自ら考える力などの『生きる力』がはぐくまれているかどうかによってとらえる必要がある。現行の学習指導要領においては、知識や技能だけでなく、自ら学ぶ意欲や思考力、判断力、表現力などの資質や能力までを含めて学力ととらえており、新しい学習指導要領は、こうした学力のとらえ方を一層深め、いわば学力の質の向上を図ることをねらいとしているのである」(教育課程審議会答申「児童生徒の学習と教育課程の実施状況の評価の在り方について」二〇〇〇年一二月)。

ここでは、「学力」について、図2-4のような二重性において理解されている。教課審答申も指摘するように、従来知識の量の多少(→Aの層)によって学力をとらえる傾向が強かった。しかし、今後はそれにとどまらず「生きる力」(→Bの層)がはぐくまれているかどうかで判

A＝ 「『読・書・算』の能力」「知識や技能」「学習指導要領の示す基礎的・基本的な内容」

B＝ 「自ら学び自ら考える力などの『生きる力』」「理解力，思考力，創造力，問題解決能力」「学ぶ意欲や思考力，判断力，表現力」

図2-4 「学力」の二重性

断することにしたというのである。こうした学力概念の拡張傾向（以下「拡張された学力観」と表記する）は、「新しい学力観」の提起以来、一貫したものである。

ところで、教育学的な知見において「学力」はどのように整理されるのであろうか。木下繁弥は、学力概念について「一義的に定義づけられる教育学的なコンセンサスは成立していない」としつつも、次のような枠組みにおいて整理している。[12]

(1) 認識能力
①達成としての学力（知識・理解・技能など）
②学習能力としての学力（学習の方法・探究の方法など）
③心的能力としての学力（思考力・観察力・集中力・想像力・直感力など）
(2) 表現能力
④感応・表現の能力、⑤身体の能力、⑥労働の能力
(3) 社会的能力
⑦世界観・価値観、⑧集団意識・規律、⑨意志・信念・意欲・情動、⑩行動力

ここでは、①〜⑩に及ぶ諸能力があげられ、それが三つの領域に整理されている。この全体が「広義の『学力』＝人間的能力の基礎部分」として定義づけられ、

「⑴認識能力」の部分が「狭義の『学力』」とされている。上記、教課審答申に比し、より体系的・立体的な整理が示されているように思う。

こうした広狭両義をふまえて考えると、学力向上の自己点検・自己評価の対象項目は、教課審答申の示すA層、木下の指摘する①にとどまることは妥当でなく、児童・生徒の教育的働きかけの全体に及ぶ目配りが必要となるといえる。

第二に、学力の何が問題なのかという問いについて考えよう。ここでは、「学力」をめぐる歴史的な経過に注目してみよう。

戦後の学力論争を振り返るならば、「三つの波」を指摘することが可能である。

第一の波は、一九五〇年前後の新教育期における「学力低下問題」である。「はい回る経験主義」と批判された新教育において、系統的な知識や技能の習得が軽視され、学力水準が低下したと喧伝され、戦後新教育の足元を揺るがすこととなった。

第二の波は、一九七〇年代前半である。教育の現代化を反映した学習内容の高度化のもとで、授業についていけない子の大量発生が明らかとなり、「落ちこぼれ」問題が浮上したのであった。こうした学力格差とともに、「できるがわからない」という歪んだ学力についてもこの時期に問題提起された。

第三の波は、一九九〇年代後半である。一部大学生の基礎的計算技能の欠落がセンセーショナルに取り上げられ、「ゆとり教育」による学習内容の厳選は学力低下を促進するものだと批判された。また、社会階層による学力格差の固着と拡大の問題が調査を通して明らかにされた。

以上の経過からみると、「学力問題」浮上の背景には政策批判（政策転換への運動論的構え）の動きが影を落としていること、「学力問題」の領域として、学力水準低下・学力格差（落ちこぼれ・落ちこぼし）・学力の病理現象（できるがわからない、技能と意欲の相反傾向）など多様な問題群が存在することがわかる。

「拡張された学力観」の立場に立ち、かつカリキュラムの多層性に注目すると、次のようにいえる。第一に、学力には思考力・意欲・態度も含まれる。アチーブメントテストによる達成された「学力」に限定した議論は全体像を見失わせる危険がある。第二に、学力調査や学力論議は、「経験されたカリキュラム」の実態把握や問題状況を明らかにすることで、実践・計画・制度化レベルのカリキュラムの在り方を問うことが目的であり、その意味で学力論議をカリキュラム評価へとつなげる視点が必要である。

4 学力向上と自己点検・自己評価の対応策

学力向上を意識した自己点検・自己評価の課題にどのように対応したらよいのだろうか。ポイントをしぼって、何点か指摘してみよう。

まず、第一に、自己点検・自己評価にあたっては、目的を明確にすることである。ここでは、情報開示を基底とする「開かれた学校づくり」や授業の質的改善への目的意識が求められる。その意味では、自己点検・自己評価をきっかけに通年の実践を総括し、課題と展望を明示する機会としたい。自己点検・自己評価というと、どちらかというと至らない点を突かれるような心配からまず「ディフェンス」に目がいくのではなかろうか。減点法の発想である。だがむしろ、自己点検・自己評価を通して、わが校の実践においてどのような分野において特長が指摘できるかを重視したい。加点法の発想であり、「アタック」の姿勢である。その意味でも、定型化した学力調査テストの結果に一喜一憂することなく、教育実践改善の手かがりを得ることを重視し、目的意識に沿ったかたちで自己点検・自己評価の項目設定や運用方法がデザインされるべきであろう。

第二に、授業評価を核とした意識調査の実施とその分析・活用である。かかる調査を通して、学校・教師側の意図と生徒・保護者側の経験との間に介在する問題状況を把握することが有効である。この点では、子どもたちが教師の授業を評価する制度を全県的に導入した高知県の場合が参考となる。同県では、一九九七年から小中学校で始め、一九九八年からは公立高校で実施している。また、授業評価だけでなく、より広く学校評価アンケートに取り組んでいる学校も多い。

例えば、県立高知工業の事例（二〇〇一年度）では、生徒への質問項目として、学校運営、教科指導、生徒指導、進路指導、保健・安全、特別活動、その他ということで七分野から合計三四問の項目が選ばれている。[13] これらの項目の内、教科指導についての質問は、次のようである。

授業に満足していますか　　わかりやすい授業が多いですか　　学校は、生徒の進路実現のためになる授業に努めていると思いますか　　教材や教え方を工夫している先生が多いと思いますか先生は、生徒を公平に評価してくれていると思いますか　熱意のある先生が多いですか　生徒のことを考えてくれている先生が多いですか　教科の年間学習指導計画は、生徒の進路希望に応えるものになっていると思いますか　チャイムと同時に始まる授業が多いですか　授業中に私語が多いと思いますか　授業評価システムで先生の授業を評価した後、授業方法に変化がありましたか

これらの問いに、1　そう思う、2　ややそう思う、3　あまりそう思わない、4　そう思わない、の四つの基準でチェックするものである。同校では、質問項目や表現を替えて教職員用・保護者用のアンケートも実施し、それらの結果を対比しながら分析している。すると、項目によっては教職員と生徒の間で開きがみられる。例えば、「チャイムと同時に授業をはじめる」に対して、そうであるという認識率をみると生徒三八％／教師七七％、「授業評価システムの導入で授業方法に変化があるか」に対して生徒二一％／教師四三％となっている。授業評価システムの導入により教師側の努力姿勢が喚起されつつあること、だが同時に生徒の評価の眼差しはなかなかに厳しいものがあることなどがわかり、興味深い。

第三に、自己点検・自己評価の結果の公表と活用についての工夫であり、多様なメディアによる発信に努力することが必要である。最近、台湾や中国の小学校を訪問した際、その学校のカリキュラムや実践を記録した数百頁のハードカバーの冊子を頂き驚いたことがある。自己点検・自己評価を契機に、学校の活動記録をまとめるのも意義深いことである。そうした冊子は、後代への記録としても貴

重なものとなる。また、冊子・ビラ・リーフレット・新聞という印刷媒体のみでなく、ホームページやCD・VTRなどの映像資料や電子媒体による公開も重要である。以上の媒体における発信に加え、ここで是非取り組んでほしいことが、生徒・保護者との率直な対話の場を積極的に設定し、相互理解に努力することである。自己点検・自己評価が学校構成員の相互理解と実践の改善を目的とするものであれば、このような対話と合意形成の場が最も重要と思われるからである。

5 自己点検・自己評価から参加による学校改革へ

本項の冒頭に述べたように、近年の教育行政施策や各学校での実践は、選択されるに価する学校づくりへと焦点化されている。学区制の撤廃や緩和、特色ある学校づくり、自己点検・自己評価等に通底する思想は、生徒・保護者（および地域住民）という消費者に対して、個々の学校の有用性をアピールすることで学校間競争を組織し、学校の効率性や生産性を向上させる発想である。端的にいえば、学校改革における市場原理の導入である。だが、かかる政策展開には問題点も伏在する。

こころみに他分野の経験を振り返ってみよう。経済理論の世界では、市場の失敗と計画の失敗というタームがある。すなわち、貧富の格差拡大や過剰生産恐慌に顕現した市場の失敗は社会主義とケインズ理論を生み、スタグフレーションの出現と社会主義の崩壊に示された計画の失敗はグローバル化した市場の暴走を生み出してきたのである。こうして、市場と計画の間を振り子が揺れながら、経済変動が推移してきた。だが、市場と計画は二項対立関係において理解すべきではなく、市場の活性と計画の調整はともに必要である。国民経済の歴史は、両者のバランスという難問に常に直面してきたのである。

事情は教育においても同様であろう。競争と選択と効率性による教育改革には一定の意味がある。だが、同時にその弊害にも目配りが必要となる。中央集権的で閉鎖的な教育行政や学校運営が、教育界における官僚制の弊害を生み、変化への柔軟な対応を遅らせてきた。教育における「計画の失敗」である。一方、市場原理の導入は学校の競争を活発にし、生き残りをかけた改革へと駆り立てる。だが、その対極で、地域間・学校間・生徒間の格差拡大が危惧される。現に、階層間格差による学力差の拡大が指摘されている。こうした問題は、教育における公共性の危機として表現されている。教育における「市場の失敗」への危惧である。したがって、学校を地域の公共圏として育成するには、競争と選択による誘因のみでは不十分である。そこには、参加という要素が必要となる。

そのような視座から考えると、学校が自己点検・自己評価を実施し、その内容を公開することは、開かれた学校づくりを推進する契機として重要な意味をもつといえる。だがその場合、単なる情報公開や広報活動にとどまるものではなく、多様な期待と批評を受けながら学校の在り方を問い直し、生徒・保護者とともに新しい学校像を模索する好機としていく姿勢が必要である。そのためには、自己点検・自己評価推進にあたって、点検項目の選定やその評価の際に学校を構成する各成員の声（Voice）を傾聴するなどの配慮が求められる。端的にいって、学校改革の基調を「選択」から「参加」へと転換する必要があるのである。

以上の視点からみると、開かれた学校づくりの中心に生徒・保護者の学校参加を位置づける議論や実践が注目される。具体的には、「土佐の教育改革」での各校の実践、小千谷市立小千谷小学校の「学習参画」[14]、長野県立辰野高校の「三者協議会」[15]や千葉県立小金高校の「三者会議」[16]の実践等が参考となる。その一端を紹介すれば、次のような実践である。

保護者や地域住民を教室に迎え入れて多様な学習参加を推進してきた小千谷小学校では、同時に「創学」というタイトルの地域新聞を発行し配布している。ここでは、地域のリソースを学校の内側へと組織する（内に開く）とともに、学校が地域の教育的営為を組織する発信基地（外に開く）として作用している。学校と地域社会の間に、相互規定的・相互還流的な関係が構築されているのである。

ちなみに同校の実践は、①「学習参加」（一九九五〜）→②「学習参画」（一九九八〜）→③「学校ボランティア」（二〇〇〇〜）と進化して今日に至る。①は、保護者や地域の人々がさまざまな形（子どもと一緒に授業を受ける、支援者として参加、ゲストティーチャーとして参加、教材づくりに参加）で授業に参加し、教師と一緒に授業を創る学習形態である。この場合学習計画は教師側が作成する。②は、学校が主体的に地域の教育・学習機関（他の学校・団体・行政・企業・NPO等）に働きかけ、学校教育の目標を達成するために活動の計画・実践・評価等に関して連携して授業づくりを推進するものである。この場合、学習計画は学校と参画相手とが互いの願いを出し合いながら作成することとなる。③は、誰でも自分の意思で子育て支援の活動を学校で行えるようにするものであり、①②が授業場面に限定されていたのに対して、対象・内容・時間を拡大したものである。

また、教師・生徒・父母の代表で組織する「三者会議」(一九九六年七月創設)において情報交換と相互理解を促進してきた小金高校では、日常的な協議において、生活や学習にかかわるさまざまな課題に取り組んできた。そうした三者による協働的な活動の発展として、新教育課程についての協議を重ね、特に「総合的な学習の時間」のカリキュラムを三者で検討する実践へと前進したのである。その過程で、三者会議のなかにワーキンググループを組織し、委員の間で先進的な実践校への訪問調査を含めた研究をふまえ、成案を作成した。その際、節目にあたる部分で、三者会議主催のシンポジウムを開催し、課題の確認と共通理解を促進してきたのである。その一端を振り返ると次のようである。

① 第一回シンポジウム(一九九九年一二月)「企業が求めるこれからの学力、人物像」
② 第二回シンポジウム(二〇〇〇年七月)「小金のちから、あるいは可能性」
③ 第三回シンポジウム(二〇〇一年六月)「小金における〝授業〟のこれから」
④ 第四回シンポジウム(二〇〇二年六月)「三者で総合学習をどうつくっていくか」

ここでは、カリキュラムの開発という目標にむけて、めざす学力像・人物像の模索(①)→学校の歴史と伝統をふまえた特色の模索(②)→授業改革の現状と課題の確認(③)→総合学習創造の課題と方法(④)へと取り組みが具体化されていることがわかる。

二つの学校の実践について紹介してきたが、これらの実践では、学校や教職の専門性の中心に位置する「授業」「教育課程」という分野の情報を公開・開示し、生徒・保護者の参加と対話の道を開いてきた点が注目される。そこには、学校や教師が生産者として「特色」をバーゲンし、生徒や保護者が値踏みをして購入（選択）する構造はない。多様な声（Voice）や願いを持ちよりながら、生徒・保護者・地域住民の力を合わせて身の丈にあった学校をつくろうとするエコロジカルな営為が息づいている。こうみてくると、自己点検・自己評価の実践という課題は、参加という文脈のなかに位置づけられる場合には、協働的な学校づくりへの経過点として機能していくことが期待されるのである。

第4節　授業改革の視点と方法

(1)　少人数指導の工夫

1　学習集団とは何か

学習集団とは目的をもった集団である　学習集団（learning group）は、偶然居合わせた群衆とは違う。学習という共通の目的意識をもった集団のことである。学習行動という継続的な関係を一定の期間ともにすることによって心理的一体感が醸成されてくる。したがって、集団のなかでは、協力関係や役割関係がみられ、それらのかかわりを通して親密な相互作用が働くこととなる。

そのような特質をもつ学習集団は、実際にはさまざまなかたちで組織される。ホームルーム・学級・学習班・生活班・特別活動のグループ・自主的な勉強グループ・地域の子ども会・ボランティア団体などである。こうした学習集団は子どもたちの成長と発達にとって不可欠であり、学習集団の適切な組織化と質的向上は、教育活動にとって重要な課題となる。
以下本節においては、学級経営と少人数指導との関係を考察する。そこで、主に「学級（class）」との関係で学習集団の問題を取り上げていきたい。

学級の二重性格　学級を問題にする場合、日本の学級のもつ二つの性格に触れる必要が生じる。学習集団と生活集団という二重性格である。もちろん、日本の授業がほとんどの場合において学級授業というかたちで組織されてきたことから、両者は深く結びついてきた。その両者の結びつきを維持しながら、教科学習集団と教科外活動集団の相対的な独自性を区別しようとする議論もある[17]。すなわち、教科学習集団には前提として教科内容（伝達すべき文化価値）の体系があり、教科内容にむかって思考させ、認識させ、習熟させるという指導の特質がある。それに対して教科外活動集団は、子どもたちの生活要求から出発する自治的な集団活動を指導するという特質をもつ。両者には、指導内容とその方法において相違があるというのである。だが、学級を解体して新しい学習組織を柔軟に作ろうとする時、今までとは違う学級の性格付けが必要となるだろう。

学習集団づくりの課題　学習集団が目的をもった集団だとはいっても、多くの場合はじめから親密な関係をもって組織されることは稀である。多かれ少なかれ「群れ」の段階からスタートし、指導者の役割が発揮され成員同士のかかわり合いが深まるにつれ、学習集団の機能は深化する。
試みに年度当初の学級を想定してみよう。教師と生徒、生徒同士の関係は、たまたま同一の学級になったにすぎず、相互に不安と緊張のなかにある。学級は、一定期間学習と生活を共にするということを考えれば目的を共にするタイトな集団であるが、実際は見知らぬ他者の関係から出発する。学習や行事などのかかわりを通して次第に親密圏が拡大し、集団の質が高まっていく。その過程で担任教師や教科担当教師の果たすべき役割は大きい。

したがって、学級という群れ的集合を学び合う学習集団にまで高めることが、重要な実践的な課題となる。それが学習集団づくりの課題である。

学習集団の成長過程には、二つのステップがみられる。第一のステップは「疎外から参加へ」と概括できる。疎外された人がいないように全員の参加をはかることが重要な段階であり、支持的風土づくりや一人一人が活躍できる仕組みづくりが求められる。第二のステップは「参加から創造へ」と表現できる。個々の学習者が自由に自己を表出できる関係のなかで相互に交流しあい、多様な評価や多様な価値の発見が促進される。

ところで、日本において、学習集団づくりへの注目は、一九五〇年代末に始まり一九六〇年代に入って本格化する。同和教育実践の蓄積や非行・「落ちこぼれ」を克服する目的意識から、全員参加の授業を創造する課題が自覚されてきたからである。こうした経過の延長線上で考えれば、学級崩壊・「学びからの逃走」・学力低下といわれる現象が広がってきている今日、あらためて学習集団の質をどう高めていくかが問われているといえる。

学習集団の規模と役割　学習集団づくりの実践は、学級授業を前提にして、学級集団を学習集団へと高めることをめざすものであった。その場合、学級の中に小集団（班）を組織し、班を核として学級学習を活性化しようとする実践が一部で活発化した。学習班（あるいは班学習）の活動である。この小集団学習と一斉学習・個別学習の関係について、ある論者は次のように指摘する。

「一斉学習、小集団学習、個別学習は無関係なバラバラの三つの学習形態ではなく、相より相補いあって、緊密に結びあった三学習形態であることが望まれる。…中略…まず思考に方向を持たせて筋道立てて形成するのが一斉学習である。次に思考を多様化してその豊かさを形成するのが小集団学習である。さらに思考をそれぞれの子どもの個性的な持ち味において伸張しようとするのが個別学習だからである。[18]」

一斉学習・グループ学習・個別学習という多様な方法を適切に組み合わせることで学習の効果を上げ、学習集団の質を高めることが可能となるのである。これらの学習形態をどのように組み合わせて授業を組織するかは、学校段階・教科特性・学校や生徒の状況等によって多様なかたちがありうるであろう。

2 少人数指導と学習集団――量的改善を質的改革の契機に[19]

学級集団と学習集団を峻別する視点の登場

前項で述べたように、日本の授業実践や授業研究はもっぱら学級を単位とする授業において展開してきたといえる。だが、今、その学級の在り方が問われはじめている。

その一つの契機は、学級編成と教職員配置の在り方を検討してきた文科省研究協力者会議の報告書

「今後の学級編制及び教職員配置について（報告）」（二〇〇二年五月一九日）がもたらしたものである。同報告書によれば、日本の近代学校制度の創設以来学級が学習集団としての性格と生活集団としての性格を一元的に果たしてきたが、社会の変化や授業実践や研究の成果をふまえて、指導組織の面でも従来の一元的な学級のとらえ方を転換すべきであると提起したのである。そのうえで、「学級は生徒指導や学校生活の場である生活集団としての機能を主としたものとして位置づけ」、学習集団としての機能は学級にとらわれず柔軟に考えることが効果的であるとしている。

学級を離れて学習集団を柔軟に組織する場合、具体的にはどのような場面を想定することができるのだろうか。同報告書において指摘されている方策としては、〈体験的な学習、問題解決的な学習、個別指導、グループ別指導、繰り返し指導、習熟の程度に応じた指導、ティームティーチングによる指導、課題学習、補充的な学習、発展的な学習、小学校の学級担任制の見直し（教科担任制の部分的導入）〉などがあげられている。個に応じたきめ細かな指導の方策が網羅されているといってよいであろう。

少人数指導の隆盛　上記の報告書を受けて「第七次公立義務教育諸学校教職員定数改善計画」（二〇〇一～二〇〇五）が実施され、その過程で少人数学級の制度化や少人数指導のための教職員の加配がすすめられている。ちなみに、文科省「学級編制都道府県別実施状況等調査」によれば、二〇〇二年度において学級編制の弾力化に取り組んでいるのは二二道府県に及ぶという（『内外教育』二〇〇二年六月一一日）。

こうして、少人数指導の波は全国規模に及び、また小中高校の各学校段階に波及している。またその過程で、若手教員の採用が増大し、また習熟度別指導などの個人差に応じたきめ細かな指導が拡大しているといえる。

ただ、ここで確認しておくべきは、少人数学級と少人数指導の違いである。〈過大学級の解消＝少人数学級の実現〉という課題は、明治以来の日本教育の願望であり、また実際の趨勢でもある。その意味で少人数学級の実現（地方自治体の個別的な施策によるものではあるが）それ自体は、歴史の進歩として歓迎したい。だが、学級規模の縮小により教育実践の質が自動的に改善するというわけではない。規模の問題と質の問題は、深く結びつきながらも、理論的には別の問題である。そこで、教育実践の質的改善を土台として少人数学級や少人数指導が効果を発揮するという関係にあることを銘記したい。

以下、学級の登場と過大学級改善の動きを振り返り、規模の問題と質の問題がどのように結びついていたのかを確認しよう。その後に、質の改善によってこそ規模の縮小の効果が期待できることを指摘することとする。

効率性を追求した一斉画一授業方式の登場と普及　近代的な学校制度が成立した当初の学級には「規模の経済学」が支配した。よく知られているように、一斉授業のルーツは、イギリスの産業革命期にさかのぼり、ベル（Bell, A. 1753 - 1832）やランカスター（Lancaster, J. 1778 - 1838）がほぼ同時期に開発したモニトリアル・システムにあるとされる。このシステムは、モニター（Monitor　助教）の活用により、一人の教師が五〇〇人以上を「教育」できるものであり、教授のためのモニターと秩序のためのモニターがいた。より多くの子どもたちにより少ない費用で知識を刷り込むために効果的な方法の開発であった。このシステムでは、軍隊の組織をモデルにした厳格な規律が適用され、能力や成績に応じたクラス編成が行われるとともに競争原理と賞罰の手法が導入された。

こうした非人間的な教育システムに対して、空想的社会主義者として活躍したロバート・オーエン（Owen, R. 1771－1858）は、「理性のない軍隊的機械にまで人間を卑しめるような狭あいな原理」と批判した。だが、資本主義の確立期にあって、浮浪する少年の囲い込みと若い労働力の育成という「ニーズ」に対応したモニトリアル・システムは、広く普及し、一斉画一授業の形式が定着していったのである。

事情は日本においても同様である。明治期に学校制度が導入・整備され、当初「等級」による同質集団として組織された教授・学習組織が編成替えされ、同年齢集団の「学級」が制度化されたのは一八九一年であった。当時の小学校の学級規模は「七〇人以下」（一〇〇人までは許容範囲）とされたが、その基準が五〇人を切ったのは第二次大戦後のことであった。

そのため、日本の場合、マスエデュケーションの弊害は早くから指摘されていた。学級規模は「過大・変則学級」（過大学級や二部教授、三学級二教員制授業のこと）が常態であり、その改善はなかなかすすまなかったといえる。こうした過大学級を覗くと、一人の教師が多数の生徒たちに対して、国許による教科書の内容を、黒板を使って教壇・教卓のうえから伝達・刷り込むという形式の授業が常態となっていたのである。

その意味では、洋の東西を問わず、過大学級（量の問題）と一斉画一型伝達式授業（質の問題）とはコインの両面のように結びついて、公教育の教授定型を形成してきたといえる。

必要とされる原理的転換――一斉指導と個に応じた指導の適切な組み合わせ　少人数学級・少人数指導の実現は、学習組織における量の問題を解決する契機となった。だが、学習組織が小規模になったからといって、授業の質的改善が実現するとは限らない。もっとも、クラスサイズが多いほど、〈よそ見、あくび、ぼんやり、私語、落書き〉などの「非学習的行動」が多くなるとする指摘もある。だが、生徒への監視を強めることが少人数指導の本旨ではないはずである。かつて筆者の勤務した高校での経験であるが、履修者の少ない選択科目のなかには、自ずと少人数授業が実現していた。だが、数人の生徒を相手に、通常の教室でチョーク・アンド・トークの一斉授業を展開する光景をよく目にしたものである。明治以来の「公教育教授定型」（稲垣忠彦）からの脱却は、なかなかに困難な課題であることを実感した次第である。

通常の授業スタイルの質的改善がともなわないならば、少人数指導の効果も多くは期待できない。では、授業の質的改革のためにはどのような発想と技法が求められるのであろうか。

第一に、授業場面に体験的な学習・問題解決的な学習・課題学習などを組み入れ、児童・生徒が探究する場面を多く用意することである。第二に、一斉指導と個に応じた指導（個別指導、グループ別指導、繰り返し指導、習熟の程度に応じた指導など）の適切な組み合わせにより、きめ細かな学習指導に心がけたい。ただ、量的改善という条件を生かして多様な指導形態が工夫されるべきだが、指導形態は目的でなく手段であることを銘記したい。一斉指導も個に応じた指導もともに「指導」であるかぎり、共通の性格を土台にもつものであり、相補的な関係にあるといえよう。そして第三に、きめ細かな指導を実現するには、教員組織における協力関係を多様に組織して、弾力的な指導体制を用意することが求められるのである。

(2) ティームティーチングのダイナミズム⑳

1 「個に応じた教育」への転換

教室における授業改革は、一斉画一授業から多様な学習形態を組み合わせた個別化・個性化授業の方向へとむかいはじめている。教育行政の姿勢がそうした方向性を助長している。すなわち近年、「個性を生かす教育の充実」を求める声が中央教育審議会や教育課程審議会の諸答申のなかで強調され、教育課程編成や学習指導の場面において、個性重視の教育を促進する施策が推進されてきた。「個性を生かす教育の充実」にむけて、「個に応じた指導」への配慮や「個に応じた学習」の実現が提起されている。

ところで、「個に応じた学習」とはどのような概念であろうか。ここで個に応じるとは、個人差（individual difference）に対応するという意味である。一斉方式の学級授業とは別に、個人差に対応した多様な学習形態を組織することである。その場合、個人差とはどのようなものであろうか。一般に学習者における個人差として、次のようなものがあげられている。

① 学習速度——ある事項の習得に必要とされる学習時間の違い。

② 学習到達度——ある事項を一定時間学習した段階で達成された状況の違い。習熟度とも表現される。

③ 学習適性・思考スタイル——体験学習や書物学習、帰納的思考や演繹的思考等の学習や思考方法への選好度の違い。

④ 興味・関心——その個人がどの分野に興味や関心をもっているかの違い。

⑤ 生活経験——その個人がどのような生活経験をもっているかの違い。

また、以上の個人差は、その性格から二つに大別して示すことが可能である。第一は、量的個人差である。ここでは、学習速度や学習到達度のように、数量化された指標によって示すことが可能である。第二は、質的個人差である。ここでは、興味・関心、学習適性・思考スタイル、生活経験など、数量化して示すことが困難な個人差である。

こうした個人差に配慮して授業を組織することによって個に応じた学習が可能になる。個性化教育を早くから推進してきた加藤幸次によれば、個に応じた実践には二つの方向が考えられるという。第一は個別化教育（individualized education）であり、第二は個性化教育（personalized education）である。

個別化教育は、教師側が共通の目標をもち、その目標の実現をはかるために、子どもたちの個人差に対応した方法を展開するものである。したがってこの場合「個」は手段概念ととらえられる。特に学習内容の系統性の強い算数・英語などの用具系教科において効果的な方法である。

これに対して個性化教育とは、子どもの個性を伸ばすことを目的として授業が組織され、自分の関心や興味に応じた学習課題や学習方法を子ども自らが選択して学習することとなる。したがってこの場合、「個」は目的概念ととらえられる。特に、学習内容の系統性の強くない社会・理科などの内容系教科において効果的な方法である。以上のような整理をふまえて加藤らは、個別化・個性化教育の具体的なタイプを開発し実践してきたのである。

2 「個に応じた教育」とティームティーチング

ティームティーチング（以下「TT」と略記）は、アメリカにおいて一九五〇年代後半に開発された「指導の個別化」をめざした協力教授のかたちである。TTは、ティームリーダーのもとに複数の教師が組織され、より少ない教師数でより効果的な学習成果をあげるための効率的な方法として開発された。そのTTが日本に導入されたのは一九六〇年代である。だが、学級を基礎とした一斉授業方式の根強い日本では、TT方式はあまり普及したとはいえなかった。

そのTTが飛躍的に拡大する契機となったのは、教職員定数改善事業の推進にともない、個に応じた指導や少人数指導の補強要員として加配教師の手当が始まってからである。すなわち、第六次・第七次公立義務教育諸学校教職員定数改善計画と連動して、ティームティーチングや少人数指導のための加配教員が配置され、きめ細かな学習指導のための条件整備が図られてきた。第七次改善計画

（二〇〇一〜〇五年）においては、五年間に二万五千人の教員枠を増し、TTの拡大を含めたきめ細かな指導のより一層の推進をはかるという。この七次計画の実現で、教員一人当たりの児童・生徒数は、小学校が一五・六人、中学校が一四・六人となり、欧米並みの比率になるという。こうした量的改善の施策を、どのようにして教育実践の質的改善に結びつけるかが課題となってくるのである。

こうした経過で普及してきたTTは、個に応じた教育の推進に不可欠な方式である。さきに、「個に応じた教育」という概念を、「個別化教育（指導の個別化）」と「個性化教育（学習の個性化）」という概念に分節化した。すると、「個に応じた教育」とTTの関係も、この二つの概念から整理されることとなる。加藤とともに個性化教育を推進してきた高浦勝義によれば、個別化・個性化とTTの関係では次の六つのタイプが考えられるという[21]。

まず、指導の個別化に即応したTTとしては次の四つのかたちが考えられる。

① TTによる全体指導——主教師が全体指導を行い、その他の教師が全体指導の補助や個別指導に当たる。

② TTによる完全習得学習——一人が子ども集団全体に共通の一斉指導を行い、その後の診断テストを経て習得状況毎にグループを分け、分担的な指導を行う。学習の習得状況の差ができやすい教科（算数・英語など）の場合に有効。

③ TTによる順序選択学習（サイクル学習）——全体的指導の後に、複数の課題を用意し、それぞれの課題毎に別の教師が指導を分担する。児童・生徒は、興味・関心や学習スタイルの選好度

に応じて、それらの課題から選択して学習し、対応する教師が指導することとなる。この方式は、課題やテーマについての選好度が分かれやすい内容教科（理科や社会など）の場合に有効。

④　TTによる自由進度学習――子どもが学級や学年を離れて自分の学習速度に応じて学習し、教師は自分の分担する場や課題に応じて指導する。計算や漢字などの「はげみ学習」や「ドリル学習」に有効。

次に、「学習の個性化」とTTの関係は、次の二つの形が考えられる。

⑤　TTによる課題選択学習――一斉的共通指導後、子どもが自分の選好により課題を選択して探究し、教師は各グループや課題ごとに個別に指導する。各教科や総合学習の実践において有効。

⑥　TTによる自由課題設定学習――一斉的なオリエンテーションの後、子どもたちが自由に課題を設定して探究し、課題やグループごとに教師が指導する。発展学習やクラブ活動等に有効。

3　ティームティーチングのダイナミズム

TTの効果的な導入により、個に応じた指導の成果は拡大することであろう。ここでは、TTの組織と展開に際して、配慮すべき視点について補足しておこう。TTの運用をはかる場合、TTの考え方を広くとれば、対面授業における複数教師による教授に限定されない。また、教師間TTに限定されず、ノン・ティーチング・スタッフ（non-teaching staff）との効果的な連携が可能であり、また必要となる。

そこでまず、TTの作動過程を広く理解し、次のステップでの協力体制を追求したい。第一は、学習内容編成における協力が考えられる。特に総合学習の実践においては、学校や子どもたちの状況をふまえて各学校で学習内容を編成することになっている。各校版の学習指導要領を作成する過程が必要となるのである。第二は、学習指導計画作成における協力である。ここでは、年間の学習指導の枠組みを具体化することが求められる。生徒の探究を促進する学習環境の構成が問われることとなる。第三は、授業での学習指導における協力である。ここでは上にみたようなさまざまなTTのかたちが作動することとなる。第四は、評価場面における協力である。生徒の学習状況を測定し値踏みするとともに、授業計画そのものの反省（カリキュラム評価）へとつながる評価が求められることとなる。

個に応じた指導を深めるには、以上の四つのステップにおける各局面での教師の連携が求められるであろう。一九六五年度以降継続してTTを実践し研究してきた築山小学校（秋田県秋田市）では「見えないTT」という表現で、対面授業以外での協力関係を表現している。TTの日常的な実践のなかから生成されたキーワードといえる。このタームを借用すれば、個に応じた指導の深化のためには、見えないTTの取り組みを重視したいものである。

次に、ノン・ティーチング・スタッフとの協働について考えよう。その際、まず考慮されるべきは、学校におけるノン・ティーチング・スタッフとの協力関係である。学校には、教壇教師以外に司書・養護教諭・学校事務・栄養士・給食・用務等さまざまなスタッフが働いている。心や体のケアにおける養護教諭の役割、調べ学習におけるメディアセンターとしての図書館や司書の役割の重要性はいうまでもない。また、食を通した学習を通して栄養士の専門的知識も教育的資源として威力を発揮するであろう。こうした学校におけるノン・ティーチング・スタッフとの連携は、総合学習の展開と絡んで今後ますます必要となってくるであろう。

校外との関係では、地域の人々や専門家との協力関係が大切である。学習の場やテーマを広げれば、多様な学習支援スタッフが登場することとなる。

例えば、小串小学校（山口県豊浦町）では一〇〇人を超える地域の「ゲストティーチャー（GT）」を組織して、学習効果をあげているという（『内外教育』二〇〇二年一一月一日）。特に、総合学習「発見！小串」の実践において、課題発見→調査→発表の全過程にGTの支援を依頼し、地域に支えられた学習を展開しているのである。

同じような実践は高校においても取り組まれている。総合学科に改編した松原高校（大阪府松原市）では、「産業社会と人間」や「課題研究」を核として生徒の自律的学習を展開している。(22)「産業社会と人間」の場合をとれば、一年次の導入時に環境教育を推進する地域NPO（マザーアースエデュケーション）に依頼して宿泊研修で学習を立ち上げている。その後生徒たちは地域を舞台としたフィールドワークに取り組む。生徒のその探究の成果は、コンペティションの形式で地域の専門家に審査される。こうして、学習過程の要所において、重要な他者が生徒の個性的な学習や探究を支え、励ましているのである。教師がそうしたスタッフとの連携に意を砕いていることはいうまでもない。

こうして、TTの理念を「教室における複数教師による対面教授」に限定せず、学習過程全体に開き、またノン・ティーチング・スタッフとの連携を視野に入れることによって、よりダイナミックな学習が可能となるのである。

4 ティームティーチングと学校改革

TTによる実践は、教師間の同僚性がカギとなる。教師間に同僚性が根づくことでTTの基盤が安定し、同時にTTによって同僚性が涵養されることとなる。さらに、父母や外部スタッフとの連携はさらに学校を開いたものにする。子どもの個に応じた教育の実現をコアとして教師と父母と地域のスタッフが連携することで、学校は改革されていく。

父母や地域市民による「学習参画」に取り組んできた小千谷小学校（新潟県小千谷市）の実践は、その一典型である。[23]また、教職員・生徒・保護者で構成する協議会である「三者会議」を母体として総合学習のカリキュラム開発に取り組んできた小金高校（千葉県松戸市）の場合は、学校参加の実践の進化過程において、カリキュラムという専門的領域における連携を可能にした例として注目される（本書第6章参照）。こうした事例を参照すると、多様なTTの取り組みは、教室からの学校改革への道を開くもののようにも考えられるのである。

(3) 新聞教育とリテラシー

1 新聞教育における「三つの学び」

新聞教育はどのように定義されるだろうか。

ここでは、新聞教育を、①新聞機能教育、②新聞活用教育、③新聞活動教育の「三つの学び」として概括しよう。①は、新聞とは何かを対象とし、新聞の歴史・新聞社の体制や新聞づくりの技術・新聞の役割等について学ぶものである。②は、新聞を使って社会問題や生活上の問題をリアルなかたちで学ぶものであり、今日のＮＩＥ（Newspaper In Education）の活動はここに属するといえる。③は、新聞づくりの活動であり、学校や学級等の集団を基礎にしたスクールジャーナリズムの活動である。もちろん、これらの「三つの学び」は、相互規定的・相互還流的な関係にある。ただ、①②は教師中心の傾向が強く、学習指導要領における新聞の位置づけと相関性をもつ。一方、③は自治と連動する特性がある。

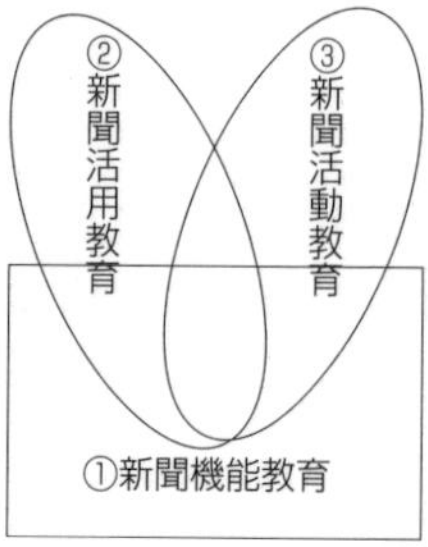

図2-5　新聞教育の構造

ところで、これら三者の関係を考えると、図2-5のような構造を指摘できる。図にあるように、①の質によって②③が規定される。もし仮に、現状追随に止まり批判的精神を欠落させた新聞「活用」教育が広がり、他方で単なる「しゃべり場」に堕した学校新聞が盛んになるとすれば、その根底に「新聞とは何か」という認識の剥落がある。批判的知性に裏打ちされた報道の気迫抜きに、木鐸としての新聞はあり得ない。その意味で、「広報紙」と「新聞」との差異に繊細になりたい。

ここで重要なことは、①において新聞の特性に関する科学的認識が問われてくることである。特に日本の大新聞の場合、広範な読者を対象として多様な記事を供給する傾向がある。報道の足腰を鍛え、本質的な報道を志すことは必ずしも容易でない。「特オチ」（特ダネを他社に抜かれること）を避けるための過激な取材攻勢による市民生活の侵害、記者クラブにおいて供給されるネタの横流し報道に代表される「番犬（watch dog）機能」の喪失など、新聞社の体質的な限界も指摘されている。広告への依存体質も報道の質に影響を与えないとはいえない。ここで問題となるのは、〈報道の倫理〉と〈営業の論理〉の葛藤である。こうした報道機関の体質への適切な批判的視点をぬきに、〈教育と新聞〉の関係を予定調和的にとらえることはできない。新聞教育におけるリテラシーの重要性がここにある。

この場合、リテラシーとはどのような意味であろうか。

佐藤学によれば、「リテラシー（literacy）」の初出は、一八八〇年代、マサチューセッツ州（米国）の「教育広報」においてであり、そこでは共通教養の意味で使われ、リテラシーを欠いた状態を指して「機能的文盲」と呼ばれたという[24]。

この場合、「リテラシー」は単なる読み書き能力ではなく、活字文化を媒介とする教養そのものを指していた。この由来からすると、新聞教育のリテラシーとは、新聞記事の理解と活用の能力に止まらず、社会の「公器」であり時には「凶器」ともなる新聞という存在に対する批判的理解を含むものと考えられる。そうした視点をふまえ、以下、戦後の新聞活用教育の流れを追いかけてみよう。

2 戦後新教育と新聞活用教育

新聞教育は、敗戦とともに大きなブームをむかえる。

敗戦は言論の自由を拡大し、各種新聞発行の隆盛とともに新聞教育の復活・発展がはかられた。戦後民主化の風潮は、言論活動の活発化を促進し、また軍国主義教育による精神の纏足化への反省から、教育の民主化が推進された。新聞と教育の双方において、新しい風が吹き始めたのであった。

特に、戦後新設された「社会科」は、社会問題をとりあげて探究的に学ぶ方法を奨励した。高校では、選択科目として「時事問題」(高校二―三年、五単位)が創設され、当初教科書はつくらず、新聞やラジオ等を活用して社会的問題を研究する科目とされた。小中学校でも、社会科とは別に独自に時事問題学習が推奨された。こうした学習の時程は、新聞教育との接点を広げるものである。

では、このような枠組みを前に、教師たちはどのような実践をはじめたのだろうか。

新聞教育に熱心に取り組んだ都立第五商業高校の実践は、次のように紹介されている。「掲示板に新聞が毎日貼られ、校内放送にも利用された。毎朝のホームルールの五分間を、校内放送でその日の主要な新聞記事を解説する時間にあてた。昼休みの時間にはホームルーム教師を中心にその日の記事について討論を重ねるようにした。これはやがてホームルーム新聞の制作にまで発展し『為すことによって学ぶ』(Learning by Doing) 態度が自然と養われた。新聞はまた社会科の窓口として利用された。例えば「工業」の単元では、『日本の工業の現状はどうなっているか』『日本をアジアの工場にする』といった記事が生きた教材とされるのである。[25]」

同校では、独自に「新聞学習指導要項（案）[26]」が作成され、そのなかで「時事問題」の単元開発が試みられている。その単元における学習内容の項目は次の八点であり、それぞれの項目の学習に際して新聞が基本的な教材として活用されている。

Ⅰ　新聞とはどのようなものか。また、どのように利用すればよいか。

Ⅱ　民主的政治を有効に実現していくにはどうすればよいか。

Ⅲ　現在の日本経済の基本的問題にはどのようなものがあるか。また、われわれはその解決に対して、どのような対策をとらねばならないか。

Ⅳ　現在労使の関係はどうなっているか。また、これを改善するためにはどのような努力が必要か。

Ⅴ　社会は個人の生命・財産を守るためにどんな配慮をしているか。また、われわれはこれにどのように協力しなければならないか。

Ⅵ　民主的家庭生活を営むには、われわれはどのような心構えをもたねばならないか。

Ⅶ　わが国の文化は現在どのような水準にあるか。また、これを発展させるにはどんな努力が必要か。

Ⅷ　世界の平和に向かって人々はどのような努力をしているか。またわれわれはこれにどのように協力しなければならないか。

この「時事問題」学習を主導した榎村順雄は、「新聞教育が新聞を教材とすることによって、学習と生活とを密接に連絡させ、現実のヴィヴィットな鼓動を直接、教室に響かせていることは無視することのできない収穫である[27]」と述べ、さらに「時事問題はその学科の性格上、特別に新聞学習の必要が痛感され、またその効用を集約的に発現することが可能である[28]」と主張している。

ここでは、学習指導要領や教育課程に新聞教育の場が位置づけられ、教室世界に「ヴィヴィットな鼓動」が生起していたことを確認しよう。

では、かかる新聞教育に新聞人はどのような関わり方をしたのであろうか。

読売新聞教育部長として新聞教育の普及の中心を担った金久保通雄は、次のように発言している。

「教育は現実の社会に結びつき、子どもたちに悪に満ちた社会の現実に打ち克たせる力を養わせるものであるべきで、ここに新聞教育の必要性がある。……（中略）……新聞は毎日正しい判断によってつくられてはいない。毎日締切に追われ取材に手落ちもある。警察などの情報提供も偏向しやすい。こういった新聞の日常性からしても正しい判断力を持つ必要があるのはいうまでもない。新聞教育を通して、記事のできるまでの仕組み、新聞の性格などの知識を得ることは正しく新聞を読む上の手がかりともいえよう[29]。」

ここには、新聞人として新聞を批判する言説を展開し、リテラシーの必要を主張する姿勢が示されている。金久保のスタンスは、営業の必要よりも報道の正義を支持し、また新聞の立場よりも教育の事情に配慮する視点に支えられている。そこには、権力に荷担した戦前の新聞の反省から、社会の「公器」としての新聞を守ろうとするジャーナリストの批判精神が宿っていた。

ところで、新聞教育の隆盛を研究者はどのようなまなざしで見ていたのだろうか。

その例証として、「新聞教育、今後の在り方」と題する懇談会の発言をみてみよう。その企画では、新聞教育の対象と方法をめぐり、原理と実践の両面にわたる議論が活発に展開された。そのなかで、社会科教育を創設した中心人物の一人である勝田守一は、求められてこう発言する。

「私は新聞を教育と関係させるようになった動機について考えてみる必要があると思う。一つにはいままでの学校教育がこれだけは教えておきたいというワクの中に閉じこもり、社会とのつながりが薄かったことに対する反省が行われ、現実の問題に即しながら経験を知的に生かすことが要求されてきたためであろう。そこで具体的に社会問題を取り扱っている新聞記事や論説が教材として取り上げられるようになったわけだ。もう一つは新聞の教育機能に着目してのことだが、新聞にはあやまりやすい性格がある。それがコマーシャリズムによる害毒であれ人間的偏見に由来するものであれ、とにかく国民はそういう新聞によって教育されているのだから、新聞教育をすることによってそうしたゆがみを直していく努力が要求される。(30)」

ここで勝田は、第一に現実問題に即して経験を知識に生かす学習のため、第二に新聞の誤りを是正する役割として新聞教育に期待した。至言である。こうして、半世紀前の新教育は新聞教育とともにあり、そこでは学習におけるリアリティに加え新聞へのリテラシーが求められた。

こうした新聞教育の隆盛は、民主主義の土台として言論表現活動が要請されていたという社会状況や、学習指導要領が「試案」として示され、現場をベースにしたカリキュラム開発が推奨されていたという教育状況に依拠していたことも確認できることである。

だが、新聞教育は一九五〇年代の半ば以降急速に衰退し、一部の新聞づくり活動をのぞき教室世界から消えていく。初期社会科の消滅と新聞学習の衰退とは、運命を共にする動きであった。

3 NIEの発足と展開

時はめぐって、一九八五年の秋である。日本新聞協会が「教育に新聞を（NIE）」を提唱し、新聞の側から教育の側へ「NIEの第一球[31]」が投じられた。以後、新聞社のバックアップを受け、新聞活用教育の波が拡大して今日に至る。

NIEの活動を創設以来キーパースンとして支えてきた妹尾彰は、今日に至る発展を四期に区分して整理している[32]。第一は、創生期（一九八五年一〇月～八九年四月）である。八五年一〇月の新聞大会でNIEの必要性が提起され、翌月、同協会販売委員会の傘下に、NIEの研究とPRを任務とするNIE専門部会が発足する。同専門部会は、一九八六～八七年にかけてアメリカや北欧のNIEを視察し、その内容を「ご存じですかNIE」という小冊子にまとめて全国の学校や教育行政機関に配布した。その後、NIE委員会の設立（一九八八年二月）により、NIE運動が始動し、全国の教育委員会や学校にアンケートを実施した。第二は、パイロット計画前期（一九八九年五月～九四年三月）である。ここでは、本格的な実践を推進するデータを収集するため、東京・大阪・新潟の学校で実践を蓄積し、報告書を全国の学校や教育委員会に送付した。第三は、パイロット計画後期（一九九四年四月～九六年三月）である。ここでは、パイロット校を全国展開するとともに、実践教師を募って外国（欧米）のN

IE見学を組織している。そして第四期として、基金による指定校制度開始以降の時期（一九九六年四月―）である。パイロット計画の発展で実践が全国化したことをふまえ、次の段階として新聞協会が一〇億円を拠出し「NIE基金」を設立した。この基金を活用し、実践校への新聞提供、実践教師のための研究補助、啓蒙活動等に充てることとなった。こうした基盤整備により、二〇〇〇年には四七都道府県三四三校の指定校を数えるまでになったのである。

以上の経過からみると、NIEは、新聞社の営業サイドから提起され、教育行政機関や実践校に足場をつくると同時に、実践のノウハウを欧米のNIE先進国に求めた。そして欧米の種を日本に移植するかたちで導入されたのである。特に、新聞協会の拡大戦略とともに、安定した人的・物的・資金的バックボーンに支えられ急発展してきた経過を確認できる。

4 新聞活用教育の経過と問題点

以上の経過に即して、いくつかの問いをたて、論点を明示してみよう。

第一の問いは、新教育期の新聞教育（第一の波）とNIE（第二の波）との関係である。

両者はいかに連続しまた断絶しているのか。結論からいえば、両者は理論・人脈とも別のものと理解できる[33]。そのうえで大まかな印象として指摘すれば、〈第一の波〉には教育側の熱い想いと批判的な観点が確かなものとしてあり、〈第二の波〉では新聞側の要請が機動力となった。前者の時代は、新聞が情報メディアの中心であり、新聞を批判的に活用した教室での実践がリアリティをもっていた。

だが、後者の時代になると、新聞は情報の王座の地位を失い、TV・ラジオ・雑誌・マンガ等の多様な情報媒体のなかの一つになった。そのため、NIEの発足事情として若者の活字離れ＝新聞離れへの新聞側の危惧があり、その対応策として教育の場が注目された。

第二の問は、〈第一の波〉はなぜ衰退したのかという問いである。

ここでは、冷戦やサンフランシスコ体制の転換を背景とした教育の「逆コース」の動きが重要である。具体的には第一に、一九五三年以降明確になった社会科解体の動きであり、「時事問題」の衰退と消滅にみられるように、学習指導要領の改定により新聞教育の場が削減された。第二に、教育二法制定（一九五四年）により政治的教材への忌避傾向が助長された。そして第三に、受験体制の強化にともない知識主義の傾向が助長され、新聞を活用した探究的学習はその基盤を掘り崩されていった。

第三の問いは、〈第二の波〉はなぜ隆盛をみたのかという点である。(34)

上述した新聞経営側の熱意が第一にあげられよう。特に、若者や単身者を中心に新聞離れが深刻となり、購買部数の低下をうけた販売戦略の一環としてNIEが立ち上げられ、新聞社が本腰を入れはじめたことである。同時に、冷戦構造が緩和し、政治的・社会的事象を学習に取り入れることに抵抗感が薄れていったことも第二の事情としてあげられる。さらに第三に、子どもの社会的無関心が深刻となり、新聞を使った学習により社会への関心を喚起することが求められてきたこともNIEを支持する風土となった。その後、一九九〇年代になると、学級崩壊に対してNIEを活用した集団づくり実践が効果的と受けとめられるようになった。さらに、総合学習創設の刺激が追い風となり、NIE

の飛躍を後押ししつつある。

第四は、当面するNIEの活動に何が必要かという問いである。

インターネットの登場した今日、多様なメディアと膨大な情報があふれ、新聞の影も薄いものになりつつある。高度情報通信社会をむかえ、メディアリテラシーのかたちも変わりつつある。多様で大量の情報のなかからどのように情報を集めるか（情報収集力）、集めた情報をどのように吟味し選択し関連づけるか（情報分析力）、情報に裏打ちされた自分の意見をどのように発言していくか（情報発信力）という新たなリテラシーが求められるのである。ただ、雑多な情報が飛び交う情報社会では、一面で確かな情報源が求められる。今後は、その確かな情報源の一つとして新聞を位置づけ、批判的に活用する能力が必要となっていくであろう。

(4) ディベート学習と授業改革

1 「学び」への注目

日本の教育は、教える立場が突出し、学ぶ立場への視線が弱い。この点は、「教科」「教室」「教科書」「教材」「教師」という言葉にくらべ、「学科」「学習室」「学習書」「学習材」「学習者」という言い方があまりなじみのない表現であることにも反映している。明治以来の日本の教育は、知識伝達型の伝統的学習スタイルが支配してきたといえそうである。

ようやく近年、「自ら学ぶ力」や「総合学習」の重視というかたちで学ぶ立場への視線が強まってきた。このことは、「学習者の発見」という意味で新しいステージを拓きつつある出来事として評価したい。

だが、教える側から学ぶ側への視点の転換は、教師の柔軟な教育観と適切な教育技術に支えられてこそ、本来の成果を生むように思う。そして、ディベートという方法も、学ぶ側に視点を据えた参加型授業の一つとして注目を集めてきたものである。

2 ディベートで学ぶ「時事問題」

以前、高校の「政治経済」の授業において、現代の日本や世界の時事的論争問題をとりあげてディベート学習を実施した。今日の代表的な時事問題に関心をもち、またそれらのアウトラインを理解してほしいと願ったのである。

「為すことによって学ぶ」という原則は、ディベート学習の場合にもよくあてはまる。講義式でひととおりの基礎を伝えるのも必要だが、一つのことを深く掘り下げるなかでさまざまなつながりに気づかせることも大事である。

そして、現実の社会を対象にする学習においては、学習がリアリティをもつためにも、現在の直面する問題を正面から取り上げることが不可欠である。高校社会科の誕生時、「時事問題」という科目が設置された所以である。あたりまえのことだが、時事的論争問題を学習するには、それなりの工夫がいる。教科書・板書・ノートというスタイルでは、本来、時事問題の学習は成立しない。科目としての「時事問題」が消滅したのも、系統学習が組織しにくいこの科目にたいして、現場の教師が忌避したことが一因となっていた。

だが、ディベートという方法を活用すれば、論争問題をむしろ積極的に授業に組み込める。そして、時事的諸問題に関する知識や意見をもつと同時に、ディベートの手法を通して、学びの方法をも身につけることができるのである。

3 ディベートで授業を変えよう

ディベート学習については、さまざまな受け止め方がある。一方で、ディベートは参画型授業の花形として注目され、さらに新学力観の立場からもその効用が主張されている。他方、ディベートは真理の相対化や勝敗へのこだわりを生み、また教えるべきものを教えないのでは、という批判も根強い。こうした批判が、完全に的外れであるとはいえないように思う。ある種の実践には、違和感を覚えるものがある。

一口にディベート学習といっても、実践者によってさまざまなかたちがある。ディベートについては、議論の時間のみでなく、事前・事後指導の過程も含めて検討することが大事である。そして、授業の全体のなかで、ディベートがどのように位置づけられているかにも視線をむけるべきだろう。

また、具体的なディベートのかたちは、実施する目的と生徒の状況に規定される。社会科（公民科）においてディベートを実施する場合、その核心はディベートによって生徒たちが授業の内容を創造してゆく点にあると考える。伝達型授業が文化遺産の継承を意図するとすれば、ディベートのある授業においては文化の創造活動が営まれているのである。

当面する重要な時事的論争問題に取り組み、それらの問題のアウトラインを知ると同時に自らの意見をもてるようにすることは、生徒にとっては一種の「社会参加」という意味をもつ。社会科（公民科）が市民の育成を目標にする以上、社会の問題を認識し、自分の意見を確立し、社会に参加する意欲や態度を形成することは重要な課題である。そして、ディベート学習は、その課題の達成に適した方法論を用意するものである。そうした方法論の一類型として、次章において「探究型ディベート学習」の概要を示すこととしよう。

七年目の手紙

今は昔のことである。ある卒業生から七年ぶりに近況報告の手紙をもらったことがある。そこには、ていねいな文字で、次のような物語が記されていた。

突然の手紙でさぞ驚かれていることと思います。私は今からちょうど七年前、Y高校を卒業した先生の教え子の一人です。卒業後、家庭の事情で夜間大学に通い、昼は中学校で理科の助手をしていました。そして今から四年前、努力の甲斐あって小学校の教員になりました。現在、F市立N小学校の教員をしております。（中略）

当時、政経の授業のことで今でも脳裏から離れないものがあり、今私の受け持っている三年生の子どもたちにも話していることがありますので、そのことをお知らせしようと思います。（中略）ある時、広島の原爆についての長山藍子さんのテープ『青い空は』というのを聞かせていただいたことがありました。被爆者であるが故に結婚を断られた女性が力強く生き抜いたあのテープの内容は、今でもしっかり覚えています。

三年生の子どもに話してあげたところ、子どもたちは「先生、戦争ってこわいんだね」と言ってくれました。私は思わず「そうだよ、だからあなたたちが本当に、よいこと、悪いことをしっかりとみつめられる人になってね」と言いました。高校生当時、私もあまり勉強していた方ではありませんでしたが、政治には興味がありました。もっとあの頃、先生のお話をよく聞いていればよかったと今ごろ後悔しております。何かと管理的にしめつけられている現在の教育のなかで、私は自己主張のできる子どもを育てていきたいと考えています（現実をよく見つめた上で）。私は教員になって本当によかったと思っています。もともと子どもが大好きで、小学校の先生になることは小さい頃からの夢だったのですが、子どもと一緒にいるときが一番の幸せです。（後略）

同封されていた一枚の写真には、子どもたちに囲まれて幸せそうな彼女の写真があった。この手紙を読みながら、私は、いくつかのことを考えないわけにはゆかなかった。

その一つは、進路指導に限らず、教育活動のあらゆる側面において、私たちは、あまりにも性急に結果を求めすぎていないかという点である。「小学校の先生になりたい」という夢を、彼女は何年もかけて実現した。苦労多かったであろうその過程で、いっそうたくましく人格をきたえ、すぐれた教師になりえたのだ。

いまから思えば、ストレートに教師への道をのぼりつめるよりも、すぐれた資質を彼女は獲得したといえるのかもしれない。

また、私たちの目は、全員の生徒にゆきとどいていなければならないということである。良くも悪くも、きわだった個性の子どもには目がゆくが、ひっそりと目立たず、しかし確実に受けとめている生徒も存在する。彼らは目立たないがゆえに教師の視覚にふれず、教師もまた彼らの存在を意識しないことがあるのだ。

このように、卒業した生徒がたくましく成長している姿を知ることはうれしい。しかも、在学中の何らかの働きかけがそれなりの意味をもっていたことが確認できるならば、それは同時に、現在のとりくみに一定の客観性と有効性を与えることとなる。教育という営みは、未来への種を今において蒔くという仕事なのだから、卒業後の生徒の成長は、教師にとってもとてもうれしいことに違いないのである。

注

（1）本書においては、学問分野毎に縦割りで組織されてきた従来の教科とは異なり、学際的諸問題や当面する社会的諸問題、あるいは子どもの興味関心に対応した諸問題の学習が組織される場合を総合学習と呼ぶ。その意味では、「総合的な学習の時間」も総合学習の概念に包摂される。よってこのように便宜上略記するものである。

（2）図2-1の様式において新教育課程の全体構造を示すにあたり、以下の文献を参照した。高浦勝義『総合学習の理論・実践・評価』黎明書房、一九九八年。

（3）表2-2およびその説明に際し、前掲高浦勝義『総合学習の理論・実践・評価』一九〇〜一九一頁を参照した。

（4）〈man-to-man system〉〈man-to-environment system〉という命名は加藤幸次による。

(5)日本教育新聞社編『教育評価はこれでいいのか』明治図書、一九七〇年。
(6)M・アップル、J・ビーン『デモクラティックスクール』アドバンテージサーバー、一九九六年。
(7)〈カリキュラムの多層性〉〈教育意図と学習経験の乖離〉という論点については、田中統治の研究に拠っている。田中統治「教育研究とカリキュラム研究」(山口満編著『現代カリキュラム研究』学文社、二〇〇一年、所収)参照。
(8)SBCDについては以下を参照のこと。鄭栄根「カリキュラム開発における教師の役割とその遂行過程に関する研究」筑波大学博士学位請求論文、一九九九年。
(9)OECD教育研究革新センター『親の学校参加』(中嶋博・山中優二・沖清豪訳)学文社、一九九八年。
(10)千葉県立小金高校、高知県立伊野商業高校等のとりくみがある。小金高校については以下を参照のこと。和井田清司「学校改革における学校参加の可能性と課題」『日本教師教育学会年報』第一二号、二〇〇三年。
(11)稲垣忠彦『明治教授理論史研究』評論社、一九六六年。
(12)『現代学校教育大事典』ぎょうせい、二〇〇二年、第一巻、三七六頁より作成。
(13)高知県立高知工業高等学校『平成一三年度　学校評価』(A4判　全三五頁)。
(14)小千谷市立小千谷小学校『地域が学校　地域の学校~学習参加から・学習参画・学校ボランティアへ』二〇〇一年、参照。
(15)宮下与兵衛『学校を変える生徒たち~三者協議会が根づく長野県辰野高校』かもがわ出版、二〇〇四年、参照。
(16)和井田清司「学校改革におけるエコロジカルアプローチ」『上越教育大学研究紀要』第二二巻第二号、二〇〇三年、参照。
(17)吉本均『学習集団とは何か』明治図書、一九七六年。
(18)広岡亮蔵「教授・学習の形態」『教育学全集四　教授と学習』小学館、一九六八年。

(19)本項の叙述内容については、次の文献に多くを負っている。志村廣明『日本の近代学校における学級定員・編制問題』大空社、一九九八年。高浦勝義「少人数指導と学力向上」『教育委員会月報』二〇〇二年六月号。

(20)本項の叙述内容については、次の文献に多くを負っている。加藤幸次『ティーム・ティーチング入門』国土社、一九九六年。新井郁男・天笠茂編著『ティーム・ティーチング事典』教育出版、一九九九年。『現代学校教育大事典』ぎょうせい、二〇〇二年。

(21)高浦勝義「TTとは――その基本原理と形態」前掲『ティーム・ティーチング事典』。

(22)菊地栄治『進化する学校　深化する学び』学事出版、二〇〇〇年。

(23)前掲、小千谷小学校『地域が学校　地域の学校』。

(24)佐藤学『学び　その死と再生』太郎次郎社、一九九五年、八六～八七頁。

(25)小野秀雄他『新聞と教育』日新出版、一九五八年、二〇六頁。

(26)当時五商に勤務し新聞教育の中心を担った故榎村順雄氏より提供されたガリ版刷りの校内資料である。「指導要項」が「指導要領」と鉛筆で修正されている。

(27)榎村順雄「教材としての新聞」『新聞研究』第一五号、日本新聞協会、一九五一年、三四頁。

(28)同上、三五頁。

(29)「新聞教育」全国新聞教育研究会会報、第六号、一九五二年六月二七日。

(30)日本新聞協会「新聞協会報」第七八六号、一九五一年一二月六日。

(31)大木薫・大内文一編『教育に新聞を』ぎょうせい、一九八〇年、三頁。

(32)妹尾彰『改訂版NIE実践ヒント・ワークシート集』晩成書房、二〇〇〇年、一五～一九頁による。

(33)高橋守（日本新聞教育文化財団NIEコーディネーター）氏によれば、NIEは戦後実践とは切れている、理論としても人脈としても別物と考えるべきだろうとのことであった（高橋氏への聞き取り、二〇〇二年八月二一日、NIE全国センターにて）。

第3章　探究型ディベート学習

第1節　「生きる力」をそだてるディベート学習

1 演劇（ドラマ）としてのディベート

ディベートは一幕の演劇に似ている。討論者という役者が、客席の注視を浴びつつ交互に発言する。この舞台の上で、苦労して稽古してきたものを精魂傾けて表現する。こうして、舞台と客席が一体となって、ディベートという名のドラマが進行する。

ディベートがドラマであるならば、ディベートの進行も思い切り劇的に演出しよう。開演前・終演後の討論者間の握手と客席の盛大な拍手。判定の提示も、目に鮮やかな判定ボード（厚紙の両面に肯定・否定と書いたもの）で、というように。なぜなら、ディベートという舞台の上では、生徒たちの成長のドラマが演じられるのだから。以下では高校の例をとりあげるが、小中学校でも、やり方の工夫次第で同様のドラマティックな展開をみることができるはずだ。

2 ディベート学習と高校生

高校生たちが、なぜあのようにディベートに熱中するのか。ディベート準備の過程で、遅くまで準備するあのエネルギーは何なのか。ディベート終了後のあの晴れやかな表情は何なのか。一時のディベート体験が、なぜ後々まで強く印象づけられているのか。

こうした問いには、次にあげるように、いろいろな答えがありうるだろう。

第一に、ディベートという方式には、今の高校生心理に適合したスタイルがある。子どもたちの人格をナマのままぶつける討論でなく、論題・立場という虚構（fiction）の役割による疑似討論であること。ロールプレイ的な討論ゲームといってもよい。ルールが明確で、始まり方も決着の付き方もハッキリしており、しかも一過性のものなので後に尾を引かない。そのため、ルールに守られ、安心して思い切り役割を演じることができる。

第二は、対極に相手のいる討論であるから、競争原理がはたらいて思考や発言が促進される。同一の問題をしかも正反対の立場からクラスメートの前で討論し、より多くの支持を獲得した方が勝ちというのがゲームの規則である。対抗軸があることで思考が深められる。相手の主張を予想して尋問や反駁を考えたり、相手がここを攻めて来たらこう対抗しようと作戦を練るというような一種の戦略思考を張りめぐらすのである。しかも、学会のように、ある水準の知識を前提とした討論ではない。そうではなくて、客席を理解させ、強く印象づけるようなプレゼンテーションが要求されている。

第三に、クラスメートを前にしたチームによる討論であるので、授業を通して幾重にも人とつながる実感をもつことができる。それなりのディベートを終えた後では、チームのなかで役割を果たした有用感にホッとする。あの晴れやかな表情の一瞬である。あのときの○ちゃんはすごかったとか、結構燃えちゃう自分を見つけたりするというのも、人とのつながりを感じさせる出来事である。実際、ディベートの取り組みを通して、友情を育てる生徒たちが少なくない。

こうした諸条件を考えるとき、ディベートには生徒の活動を促進する機能が備わっているといえる。ディベートを学習に導入することで、生徒たちの創造的な学びの世界が拓かれてゆくのである。そうした学びの世界の一端を、具体的に覗いてみよう。

3 ディベート学習での学習支援

以下、「政治経済」(高校三年二単位)での実践を、生徒の声を交えながら紹介しよう。「政経」の授業で、年間九回程度ディベートを実施した。一人二回の体験である。教科・科目の性格から、政治や経済の分野での社会的問題が論題となる。

ところで、ディベート学習のような授業では、教師側に学習支援技術が要求される。ディベート学習の流れでみれば、準備過程→論争過程→反省過程のそれぞれの段階で、必要な手だてを工夫することである。この場合学習支援の中心は二つ考えられる。

第一は、準備・反省過程での支援である。討論チームには事前レポートの作成と試合後の審査分析をさせること、審査生徒には事後レポートを書かせること――この二点が大事である。特に政治や経済のテーマでは事前準備が不可欠である。例えば、次の声がある。

「何より大変で苦労したのはやはりディベートの準備のほうである。……ハードカバーの厚い本で、まして堅い内容のものなど普段なら読まないし、読め、と言われても読む気がない。……でも、資料を探すために真剣に読んでいる（傍点は引用者、以下同）のである。難しいと思うこともなく。……教科書検定の資料を集めるときも、教科書のことだけでなく、政治や裁判のことなども調べていたのに、少しも難しくは感じなかった。」（A子）

第二は、論争過程での支援のあり方である。ここでは、論争と審査が正常に行われるよう配慮し、場合によってはトラブルに対処することである。例えば、人格を全否定する悪質なヤジや攻撃があったり、ドロップアウト（場に参加しない者やルールに従わない者）が一定の割合を超えているような場合は、介入すべきであろう。

また、学期末や学年末にアンケートをとって、ディベートについての意識状況や改善提案を聞きたい。結構気づかされる点があるはずだ。生徒の探究を核とする授業では、当初の授業計画が生徒の学習過程にあわせて絶えず変更されるのが原則である。そして、学習の終点において大切なことは、生徒の状況や反応を通した教師側の反省（一種の「カリキュラム評価」）である。フィードバックと考えてもよい。そうした反省が適切な学習支援を生み、豊かな実践を結実させるものなのである。

4 ディベート学習の他者評価

ディベート学習の核は、生徒による審査活動であり、それは審査生徒による討論生徒への他者評価である。その実際を紹介しよう。

筆者の場合、他者評価を具体化する審査用紙（B5判一枚）には、図3-1にあるように①項目審査（五段階）、②判定とその理由、③論題に対する自分の意見、という三つの部分を記述させる。

①の項目審査では、準備・立論・尋問・相互討論・結論・対応の早さ・チームワークの各項目を五段階で評定する。この項目審査は、どの部分がうまくいかなかったかを討論チームが反省するための材料である。②は、肯定否定のどちらを勝ちにしたのかをマークし、かつその判定の根拠を述べる部分である。審査生徒が双方の主張を再構成し、どの部分に説得力を感じたかを記述する。討論生徒にとっては、自分たちの論が審査生徒にどのように伝わった（伝わらなかった）かを検証する資料となる。③は、審査生徒自身が論題のテーマについて、②をくぐった直後の意見を書くものである。論争に触発され、自分のそれ以前の意見が根拠づけられたり、逆に揺らいだりする。そこに審査生徒の審査活動を通した学習の成果が反映する。他者評価を潜った自己評価といってもよい。

ところで、この審査用紙はディベートの敗者側チームが回収し、集計・分析して審査報告書を作成する。審査分析書（A3判一枚）には、①項目審査の平均値、②判定理由の主なもの、③ディベートの主な論争点、④審査生徒自身の主な意見、⑤判定・意見マトリックス、⑥敗因分析の各項目がある。

このうち、審査生徒の判定と意見とを相関させたものが「判定・意見マトリックス」である。例えば、

Aレベル　1997

ディベート審査用紙

レベル　(A)　B　C

●審査者 (6) 組 ( ) 番氏名 ( )
●1997年 (11) 月 (19) 日 (水) 曜日 (3) 時限
●論題【 間接税を上げるべし 】

●項目審査(5段階で記入する)

優れている5←4←3→2→1いまいちだ

項目	肯定	否定	項目	肯定	否定
①板書資料等準備	(3)	(3)	②立論	(4)	(4)
③尋問	(3)	(3)	④反駁	(3)	(3)
⑤結論の的確さ	(4)	(4)	⑥対応の速さ	(3)	(4)
⑦チームワーク	(4)	(4)			

●自分の判定(○で囲む)（肯定：否定）の勝

そのように判定した決め手

説得力があったのは否定側だった。否定側は時々、福祉についての見方、対応に問題があったと思う。今の日本は北欧のようにすることを目的としていない。今、北欧のやり方と違ったやり方を見つめるのが今の日本に重要だという考え方だと思う。

●論題に対する自分自身の意見(○で囲む)（肯定：(否定)）

コメント—注：テーマに対しての意見↑

北欧が間接税が高くてもやっていけるのは、制度が整っていて必ず自分達が出した分だけかえってくるという安心感そしてこちらもあっても日本より物価が安いのでそれほど負担が多いとはいえないといえる。間接税のupにより苦しむのに所得の低い人、得に年金生活をしている人々である。北欧は医療費はほとんどただのようなものだし、障害者の枠組も日本より広いからいいが、日本は医療費はあがるし、高齢者の負担が増えるばかりである。北欧と同じようでなく日本経済に合ったやり方を考えながら、よい税の徴収を考えるべきだと思う

注：自分の判定は勝ちにした側を書く。
　　自分の意見は論題に対する自分の本当の意見の立場を書く。
　　（例：原発そのものに反対ならば「原発縮小」という論題に対しては「肯定」となる）
*その場で負けたチームの方に提出すること。

図3－1　審査用紙の実際

あるクラスの「日本は、政府開発援助（ODA）を拡大すべし」でのディベートでは、表3-1のようであった。

このクラスの審査員の意見は、ODA拡大に賛成が二一名、反対が八名であった。だが、ディベートの判定結果は、肯定勝一七、否定勝一二である。このマトリックスで注目されるのは、意見肯定→判定否定の七名、意見否定→判定肯定の三名の存在である。少なくともこの生徒たちは、意見と判定を区別し、客観的な判定を行っているのである。もっとも、意見・判定ともに肯定の一四名、ともに否定の五名が、自分の意見に引きずられて判定しているとは限らない。

表3-1　判定・意見マトリックス

判定＼意見	肯定勝	否定勝	合　計
肯定	14	7	21
否定	3	5	8
合計	17	12	29

個々の生徒の判定と意見の関係は、審査用紙の記述内容を分析することで判断することができる。

5 ディベート学習と意見の変容

ディベートでの取り組みは、生徒にどのような影響を与えるだろうか。一人の生徒の動きを追ってみよう。ここで注目したいのはB子である。

四月当初のアンケートでは、ODAに対するB子の回答は「わからない」であった。そして先のODAのディベートのとき、B子の判定は否定勝ち。「まず否定側はODAに無駄があるということ、それなのに増やすというのはおかしいというのは同意できた。否定側が改善策の具体例を出していたのがよいと思う。」これが理由である。

だが、自分の意見の欄にはこうある。「確かにお金ばかり出すのは考えものだが、人材（派遣――引用者）にも使われるらしいし、現に地球上に貧困の地があるのだから、そこの地を助けようと努力するのは当然だと思う。ただ、むやみに金額を上げればいいのではないことが今日のディベートで理解できた。」B子の意見は肯定なのであった。

ODAに関するB子の対応は、「わからない→否定勝ち→意見肯定」と変容した。審査員としてディベート学習にかかわるなかで、次第に自分の意見を形成していったことが推察される。特に、B子の意見の傍点を付した部分に注目しよう。「〜だが〜ただ〜」という言い方は、固定観念をひっくり返したり、ある限定をつけたりする論法である。これらの言葉遣いは、一種逡巡した表現である。だが、生徒たちのこうした表現は、認識の広がりや深まりを反映したものと理解したい。

6 ディベート学習と「生きる力」

中央教育審議会は、「ゆとり」のなかで「生きる力」をというスローガンを掲げ、教育改革の青写真を打ち出した。この「生きる力」とは何だろう。答申の文言にはこうある。

①「自ら学び、自ら考える力（傍線は引用者、以下同）など、個人が主体的・自律的に行動するための基本になる資質や能力をその大切な柱とするもの」

②「……実際の体験や人々との交わりを糧として、試行錯誤を繰り返しながら、個性の萌芽とも言うべき興味・関心を触発され……」

③「机上で学んだ知識を生きたものとし、自ら学び、自ら考える力などの『生きる力』を身につけ、豊かな個性をはぐくんでいく」

こうした文言を念頭におきながら、ふたたび、生徒の感想文に目をむけてみよう。

「自分たちで資料を調べて、いろんな方向から考え、予想するという立体的な学習をしたことです。……終わってみると、教室での授業の何倍も身に付いたと思います。」(C男)

「人につっこまれて答えるためには、すごく理解していないと無理ですね。一つのことを深く調べていったとき、いろんなことと結びついていることがわかりました。」(D男)

ディベート学習は、教えられる授業ではなく、生徒がつくり出す授業である。自ら学び、自ら考えることなしにディベート学習は成立しない。また、友人との交わりのなかで体験的に学ぶものである。そして、解決の定かでない問題を、試行錯誤しながら探究的に学ぶものである。そのような学びのなかで、机上の知識が活用され、生きた学力を獲得することが可能となる。生徒の文章に散見される「資料を探すために真剣に読」む、「立体的な学習」、「何倍も身に付」く、「結びついていることがわか」るというような表現は、ディベート学習の体験が、生きる力を育てる学習になっていることを示唆しているのである。

第2節　探究型ディベート学習の考え方・進め方

1 評価の時代の到来

「何を教えるか」は内容、「どう教えるか」は方法の問題であるといえる。

そこで今までの流れを極言すれば、一九六〇～七〇年代は内容中心の時代であった。さまざまの立場から、異なった授業計画案が提案された。社会科では、社会の矛盾や発展法則を教えるプランが競われた。その後、一九八〇～九〇年代になると、方法中心の時代が到来する。ディベート・討論、シミュレーション・ロールプレイ・ゲームなど、さまざまな手法が駆使されるようになった。「子どもが動く」社会科が喧伝されたのもこの時期である。

だが以上の動きは、内容中心・方法中心の違いはあるが、「何を・どう教えるか」という議論にとどまっている。基本的には、教える側の論理や技術である。

これらに対し、二一世紀は、学ぶ側の論理や技術を基盤に据えたい。この場合、子どもたちの学ぶ環境をどう整え、子どもたちの学習環境への働きかけをどう支援するかが最重要な課題となる。そして、評価の観点も、「教えたこと」ではなく、「学びつつあること」への評価、すなわち「学習過程評価」が中心となる。

逆にいえば、評価についての「コペルニクス的な転回」によってはじめて、授業の根本的な転換が可能となる。その意味で、二一世紀を評価の時代と考えたいのである。

2 学習環境設計の四原則

学ぶ側を中心にした授業のデザインにあたり、学習環境をどのように整えたらよいのだろうか。この点にかかわって、ムーア（Moore, O.K.）とアンダーソン（Anderson, A.R.）は、学習環境設計のための四つの原理を提唱している。[1] 学習過程には次の原則が配慮されるべきだというのである。

① 複数の視野から学習する
② 「自己目的」的活動（学習自体に価値をもたらすこと）を重視する
③ 権威への依存から解放される（学習過程における生産性）
④ 学習者の活動に適応するように学習環境が用意される

そして、行動による学習（Learning by Doing）というかたちのなかで、子どもたちは対象に没頭するようになるが、没頭することが常に心地よさをもたらすとは限らないとして、「経験は挑戦をもたらし、挑戦には不確実性・曖昧性・変化への要請がつきまとう[2]」と述べる。よりくだいた表現をすれば、次のようになるだろう。

・何が正しい方法なのか（不確実性）
・なぜ先生はやるべきことを教えてくれないのか（曖昧性）
・私は以前この立場に立ったことがない。私が振る舞いを変える必要があるなんて、前もって誰も話してくれなかった（変化への要請）

子どもたちは、こうした経験的な学習をくぐることによって、「自分たちの方法で、自分たちなりに、自分たちの時間を使って、方向性、理論、行動を自力で形成していくようになる」[3]のである。

以上の議論は、ディベート学習にもそのままあてはまる。

例えば、先の四つの原則について考えると、次のようになるだろう。

①は論題と立場そのものである。

②はディベートに取り組む子どもたちの楽しそうな表情が雄弁に物語っている。

③は論争過程に対して教師側が原則的に非介入の立場をとることで、子どもたちの創造活動が促進される。

④は子どもたちの反応をフィードバックしながら、ディベートのフォーマットやさまざまな手だてを修正することで達成される。

ディベート学習が用意するこのような学習環境のなかで、教師側の支援を受けながら、子どもたちの創造的な学びの世界が構成されるのである。

3 ディベート学習と授業のかたち

従来型授業とディベート型学習とでは、どのようなスタイルの違いがみられるのだろうか。このことをあらためて整理しておこう。

通常の授業は、教材を使って教師が教えるというかたちが基本である。主たる教材としては教科書が存在し、教科書の使い方の事例として教師用指導書が用意される。そして、授業の全体が、知識や技能を伝達するために組織される。その目標に向けて効果的に到達させる決め手が教師の教育技術である。こうした授業は、目標に向けて生徒を囲い込んでゆくClosed Endな授業のかたちである。

それに対し、ディベート学習のような授業では、教材がない。学習材があるだけである。多種多様な学習材を前にして生徒の学習が組織される。その学習をすすめるために学習の手引きが用意される。生徒の学習活動を効果的に促進するのは教師の学習支援技術である。一定の論題や諸資料をもとに、生徒による重層的学習が組織され、論題に関する認識を深めると同時に探究の意欲やスキルが開発される。こうした授業は、結論において同一の目標を設定せず、個々人のつかんだものを意味づけするOpen Endな授業[4]といえる。

図式化するならば次のようにいえる。従来型授業は，到達主義・教師中心主義の度合いが強いスタイルをとる。ここで到達主義とは、目標を掲げてそこまでの到達度を授業の成果とする立場である。また、教師中心主義とは、教師が授業の全体を主導し、逸脱を嫌う立場である。それに対してディベート学習による授業では，生徒の探究が核となり，また生徒の主体的な学習活動が授業の中心となる。そこで，前者を「伝達型」授業、後者を「支援型」授業と仮に呼ぶこととしよう。

こうした授業のタイプの違いは、評価のスタイルをも変えるものである。伝達型授業においては、通常、教師が教えたことの定着度を計測する評価が行われる。評価主体は教師であり、評価基準は教師側の目標に対する生徒側の到達度である。しかもそれらは、共通の基準で数値化され、したがって序列化が可能である。このような評価は、教師が生徒の達成度を宣言するかたちをとるので権威的な評価といえるだろう。

だが、支援型授業の場合は、生徒による自己評価が中心である。学習を振り返り、自分なりにやれたという達成感、生徒相互や教師からの示唆を受けた認識の深化、新たに生まれた疑問へのさらなる追究等が重視される。これらは学習履歴に対する反省的思考が基本であるので、反省的な評価といえよう。権威的な評価が結果重視であるとすれば、反省的な評価は過程重視とみることもできよう。

4 ディベート学習の三つのプロセス

ディベートとディベート学習とは違う。後者においては、討論生徒と審査生徒とが、あるテーマをめぐって集団的に学びあう構造がある。表3-2のように示されるだろう。ここで、ディベート学習とは、①②③の全過程を指している。ディベート批判の論調に、②の過程だけを問題にする傾向がみられるが、①③の段階での学びにも注目したいと思う。

ディベート学習を、教師の学習支援という側面から整理してみよう。

①の準備過程では、討論者に事前リサーチを指導し、審査生徒には基礎的知識を理解させることが重要である。

②の論争過程において、教師は、論争内容に基本的に非介入の立場をとるべきである。事実の間違

表3-2　ディベート学習の３つのプロセス

学習過程	①準備過程	②論争過程	③反省過程
(A)討論生徒	事前レポート	論戦活動	審査分析
(B)審査生徒	基礎学習	審査活動	事後レポート
(C)教師	事前指導	危機対処	事後指導

いや論理のすり替えがあっても、最後の講評で指摘すればよい。ただ、人格攻撃の傾向や場への不参加という事態には、試合を一時中断させても指導する必要がある。一種の危機介入である。

③の反省過程では、討論者には審査用紙の回収・分析により論争過程を整理させ、審査生徒にはテーマに関する（ミニ）レポートを作成させて意見形成を促したい。

ディベート学習において、生徒たちは勝敗にこだわるだろうが、大切なことはディベートをぐることで広い視野からテーマにアプローチし、認識の質を高めることにある。それは常に伝えておきたい。

ところで、ディベート学習における教師の学習支援に注目してみると、図3-2のように示すことができる。ここでは、大別して四つの支援タイプが存在する。

① 学習環境の整備
論題の設定、論題関係資料の整備、情報ネットワークの構築、ディベートのマニュアルや準備グッズの用意等

② 学習環境への働きかけ
リサーチ活動の指導、ディベート方法の習熟等

③ 相互学習の場の設定
政策論づくりのグループ指導、立論交換、ディベート（論争過程）運営指導等

④ 個別指導

事前・事後アンケート、事後レポート作成指導、学習のつまずきへの個別指導等

これらはすべて、生徒たちの学習活動を発展させるための教師側の援助活動である。こうした方向づけがないと、ディベート学習が十分な効果をもちにくいであろう。

5 探究型ディベート学習のねらい

ディベート学習を軸心にして、授業の転換が可能であり、また必要でもあると主張してきた。だが、丁寧に考えてみると、ディベート学習にもいろいろなかたちが存在する。そこで今後は、どのようなディベート学習が適切であるかが問われなければならない。ディベート学習は、とにかくまずやってみようという時代から、より学習を深める質の時代に移行したといえる。

そのような立場から、ここでは、論争技術の育成を重視する競技型ディベート学習に対し、問題解決力の育成を重視するディベート学習の一類型を指して、探究型ディベート学習と呼ぶ。この両者の

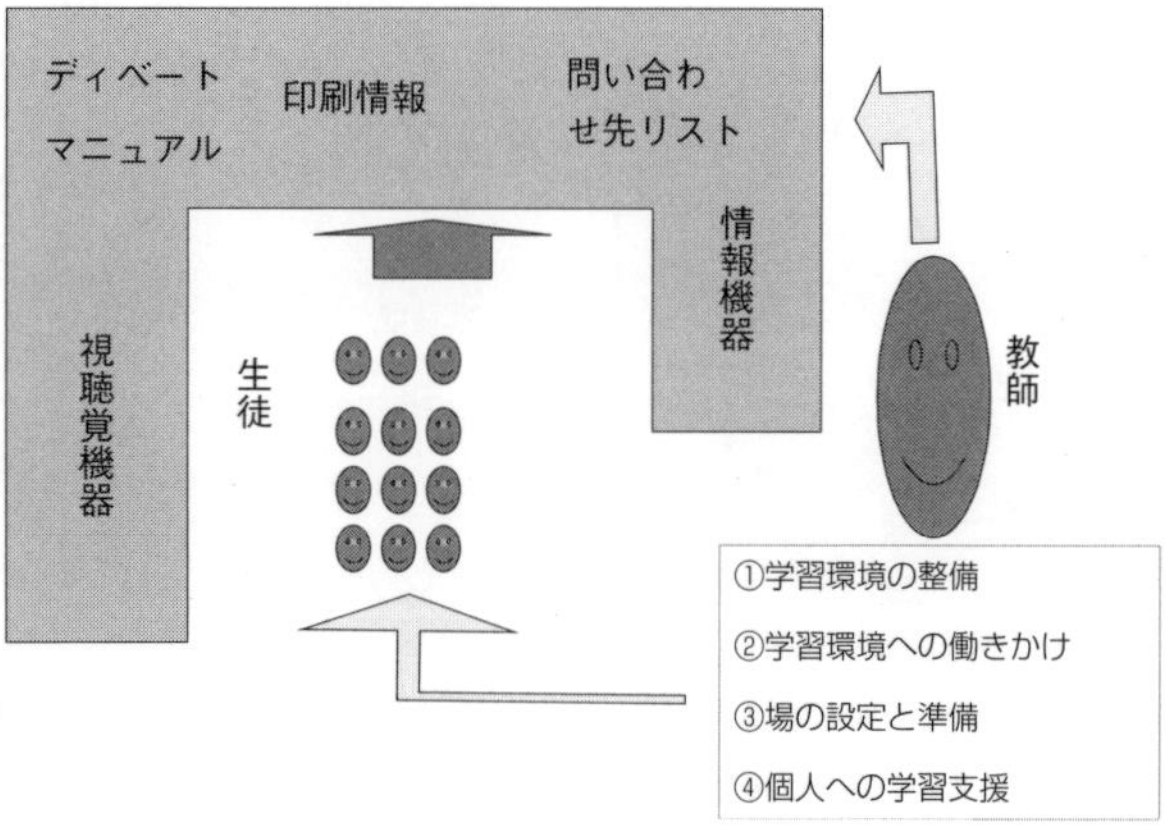

図3−2　ディベート学習と学習環境の構造

違いを例示すれば、表3-3のようになる。

探究型においては、論争の勝敗や表現力・論争力の育成よりも、論題の示すテーマについての問題解決的アプローチを重視する。社会系諸教科の目標に対して、親和的なディベート学習のかたちといってよい。

ところで、問題解決のためには、その問題についての①認識深化と②解決意欲が不可欠である。①の中心は、知識や問題構造の理解である。また②は、その問題について教室のなかで集団的に考え合うことで、解決への意欲を育てるのである。

探究型は、公的論争問題を主体的に考えて解決方向を探るのであるから、生徒の擬似的社会参加という性格をもつ。学校教育の段階で、このような参加体験を豊富に用意することが、社会人として責任感をもって自立し、また異なる

表3-3　ディベート学習の２類型

	探　　究　　型	競　　技　　型
目標	社会認識の深化，社会参加で公民的資質と政策思考力を育成	論理的思考力の向上，説得力のあるスピーチや論争技術の育成
チームの決定と準備	生徒の関心や希望を尊重して立場を決定，その立場での政策論づくり	形式的に立場を決定，二つの立場で政策論づくり
ルールのあり方	柔軟なフォーマット，論争しながら考えを深められる柔軟な形式，ニューアーギュメントも許容	固定的なフォーマット，厳格なルールで立論を守り抜く，ニューアーギュメントは禁止
審査の基準	論争全体で説得力のある主張をした側を総合的に判定	立論を守れたか，反駁で立論を崩せたかで判定
審査の意味	学びとしての審査，聴衆の生徒全員が審判となり政策論全体の説得力を評価	専門的審査，教師か少数の生徒が審判で，個々の争点の勝負で判定

立場や意見の人とも連帯できる資質を育てることに貢献する。

6 審査活動を中心とした反省的評価の構造

ディベート学習における評価とは何だろうか。よく考えてみると、評価は常に教育の過程に随伴するものである。学習の出発点にどのような目標を立てるかによって、評価の射程が決定される。学習計画をこなしていく学習活動は、常に予期せぬトラブルとその克服の過程である。学習の終点において、目標や計画に即して、何処まで到達したのか、何がうまくいかなかったのか、どうすればよかったのかの反省がなされる。こうみてくると、一連の学習活動は同時に評価の過程でもある。

以上述べた評価の全体をディベート学習の過程に即して整理すると、表3-4のように示すことができる。この表を参照しつつ、ディベート学習と評価との関係について考えてみよう。

ディベート学習における評価対象は、その主体によって三つに種別化される。

第一に、生徒自身による自己評価である。ここでは、討論者か審査員かによって、個々のディベートにおける自己評価の対象は変わる。討論者は、レ

表3-4 ディベート学習と反省的評価

学習過程		準備過程	論争過程	反省過程
生徒	討論者	事前レポート	論争活動	審査分析
	審査員		審査活動	事後レポート等
教師		事前授業（対審査員）・事前指導（対討論者）	運営指導・記録・トラブル対処	講評・課題提示・事後講義
評価			他者評価	相互評価・自己評価

ポート作成→論争→審査分析という学習過程を、チームを基礎にして経験する。審査員は、討論者の論争を離れたところから冷静にみながら、説得力を判定し、最後に題材（論題のテーマ）について考察を深める。生徒たちは、ある時は討論者であり、それ以外は審査員であるから、両方の経験を積む。そうした経験を自ら振り返り（→自己評価）、知識・技能・関心・意欲・態度等を身につけ、成長した自分を自覚する。

第二に、教師による生徒評価である。教師の「支援」は、討論者と審査員とに向けられる。特に、準備・反省過程での助力が中心である。準備過程では、事前レポートの作成（対討論者）や論題に関する基礎知識を伝えること（対審査員）が基本である。反省過程では、審査分析（対討論者）と事後レポート（対審査員）の作成に配慮したい。そのような支援の過程を通して、生徒の認識の深化に迫りたい。

第三に、審査生徒による他者評価である。これは、試合過程における審査活動が中心である。審査活動を討論者に対する説得力評価と考えれば、討論者は、審査員による「他者評価」の対象となる。ディベート学習という場の世界だけに限定すれば、この他者評価は一種の世論形成である。討論者の説得行動が審査員の世論というかたちで判定されているのである。

この構造を拡大すれば、一国や世界規模の政治的営為そのものである。対立した勢力が世論獲得をめぐって説得力を競い、世論の導きによってひとつの方向が示されていくという点では、両者は相似形にある。そう考えると、ディベート学習の世界では、擬似的な社会参加の体験を積んでいるという見方も可能であろう。

だが、審査員を中心に考えると、審査活動それ自体が審査員の学びの行為となっていることに気づかされる。審査活動では、次のようなプロセスが展開されているからである。
① 肯定・否定双方から展開されるさまざまな議論を受けとめつつ、複眼的な思考が促進される。
② 双方の論点を整理するだけでなく、個々の論点に軽重をつけ、関係づけるという意味で構造化が行われる。
③ その上で全体としての説得力を判断し判定を下す。
すなわち、〈①議論の傾聴→②論点の構造化→③説得力の判定〉という一連の過程を通して、審査員こそ最も多くを学ぶのである。特に、息詰まる拮抗したディベートでは、審査はとても困難である。だが、聞く側の生徒たちは、困難な審査に取り組むことで貴重で実りある学習体験をしている。

したがって、審査の本質は、結果を出すための手段ではなく、審査員による自己学習であり、そこにこそ意味があるといえる。まさに、学習としての審査なのである。また、審査員の審査活動とその結果を通して、討論者の説得行動や教師側の指導の不十分さが明らかとなる。その意味で探究型ディベート学習においては、審査活動を中心として集団学習としてのディベート学習が成立するといっても過言ではない。

以上の構造を審査活動を中心に整理すると、図3-3のようになる。
①は教師による基礎知識の伝達であり、②は討論者による説得行為である。①②を聞きながら審査

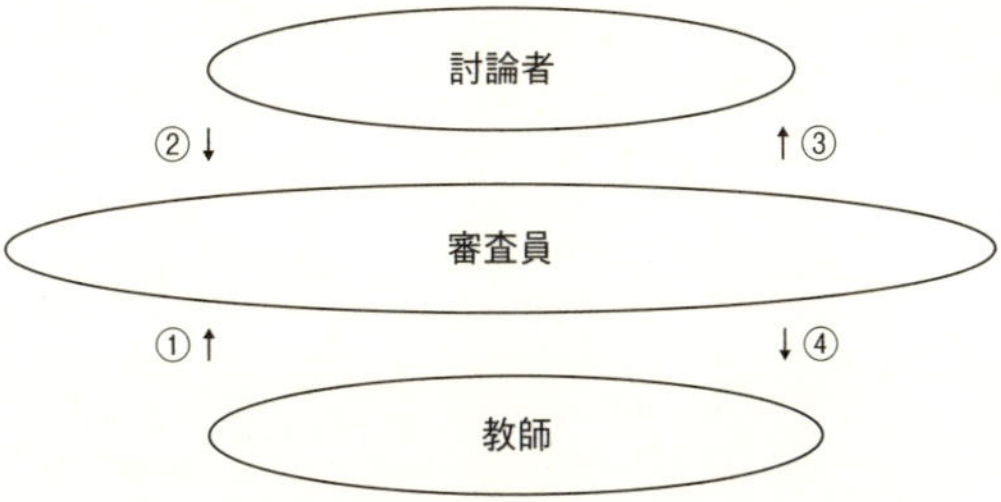

図3－3　審査活動を中心とした評価の構造

員は判定を下す。その判定に触発されて、③では審査員が討論者に議論の反省の機会を与え、④では教師側に生徒の認識の独自性を発見させる。したがって、ディベート学習の中心構造は、生徒集団の審査活動（他者評価）をフィードバックの母胎としつつ、討論者と教師が反省的に学ぶ仕組みにあるといえる。

例えば、判定の結果が討論者や教師からみて意外な結果におわることは、ままみられるところである。準備周到、専門書を積み上げて相手を論破したはずが、判定で報われない場合などである。だが、起こったことには必然性がある。舌鋒鋭く迫ったからといって、審査員に伝わらないことがある。逆に、思わぬ一言に審査員が深く納得することもある。教師の発言も同様である。ぬかりない教材準備で迫力ある授業を展開しても、生徒の回路にフィットしないことは多い。言葉が伝わらないのである。したがって、このような場合、③は審査を通して「審査員が解らない」ということを解らせてもらう過程であり、④は教師による生徒の認識過程への「気づき」の契機となるのである。

7 個に即した意見変容の四つのステップ

支援型授業とそれに即応した反省的評価の構造を考察してきた。ディベート学習の場合、こうした学習と評価は、個々の子どもたちにどのようなかたちで定着するのだろうか。

その点で注目したいのが、意見変容の四つのステップである。

公的論争問題をディベート学習を通して学ぶとき、生徒たちはしばしば学習の過程で意見の変容を経験する。その変遷は、次の四つの段階に区分して理解することができる。

第一は、最初の意見である。ディベートを意識しない段階での自然な意見である。年度当初にさりげなくアンケートをとって記録しておくことができる。

第二は、論争前の意見である。これはディベートを予告し、論題に必要な基礎知識を事前の授業で扱い、生徒個々人が自分で論点を予測したうえで事前に判断した意見である。

第三は、論争直後の意見である。これは討論者による論争を聞き、自分なりに理解した範囲で審査し、講評にふれた段階での意見である。

第四に、最終的意見である。これは、試合過程を振り返り、題材のテーマに関する事後の講義や自分なりの考察を加えて事後レポートや小論文を書く段階での意見である。

これらの四つの段階での意見を記録し、比較することによって、生徒個人が自分の認識進化のプロセスを反省することができる。また、そうした変容の過程を集団的に検討することによって、ディベートの教育的機能を教師側が分析することも可能である。

以上のような反省的評価を実践する場合、どのような評価材を用意し、どのような評価の視点が開発されるべきだろうか。その点で注目されるのが、評価材としてのポートフォリオ（portfolio）の問題である。反省的評価の実践のためには、生徒の学習履歴を記録し蓄積することが重視されなければならないからである。

立論用紙・戦略カード・審査用紙・フローシート・事後レポート（小論文）等を個人やグループごとにファイリングすること。これらの学習履歴のなかにこそ個々の生徒にとっての経験されたカリキュラムがあり、それらが評価の材料として機能する。ところで、こうした多種多様な記録類は膨大な量にのぼる。教師が丁寧に目を通し、コメントを書くようなことは多大な労力となる。そのためつい及び腰になりかねない。

しかし、ここで発想を転換してみよう。良心的な教師ほど生徒の提出物を丁寧に見て、指導しようとする。だが、生徒が作成した記録類（これを「作品」と呼ぼう）は、生徒の自己評価の材料なのである。つまり、作品に取り組むことにまず意味があるといえる。たしかに、生徒の作品に誠実な関心をもつことや提出状況をチェックすることは必要であろう。だが、常にその内容を教師の目で吟味し、問題点や改善点を指摘することは不要である。そのような行いは、時として生徒の自己評価にある種の枠をはめることになりかねない。生徒が教師に求めるのは、自分の学習に対して誠実な関心を寄せることであって、評価・判定・正解を指し示してもらうこととは限らないからである。

日本におけるディベートの「三つの波」

日本におけるディベートの発達を概観すると、「三つの波」が存在したことがわかる。

第一の波は、明治前期である。福沢諭吉による模擬ディベートの実践や民権結社による憲法草案づくりにおけるディベートの活用が典型的である。debateを「弁論・討論」、speechを「演舌(説)」と訳したのは福沢である。そのうえ福沢は、明治六年、日本ではじめての討論会(ディベート)を試みた。「士族の家禄は、一体プロパチーであるかサラリーであるか」という論題で、福沢を議長に、弟子たちが討論をし、結局サラリーに議決した。その後、福沢の私邸で、毎土曜日の夜、仲間だけの討論会を開くようになった。そのような練習を積んだ後、この方法を広めようとしたが新奇なものなのですぐには賛同が得られなかった。そこで明治六年、三田演説会の発会式を行い、やがて演説館の建設に着手した。

その後、明治一〇年代になると、自由民権運動の機運のなかで、各地の民権結社が盛んに討論会を開催した。〈草に埋もれた憲法草案〉として有名になった「五日市憲法草案」も当地における学芸講談会の公開討論を土台に作成されたものである。自由民権運動の時代は、日本における第一のディベート時代であった。

戦後の民主化のなかで、日本は第二のディベート時代をむかえる。ディベートの導入と普及には、朝日新聞記者であった冠地俊生の貢献が大きかった。冠地は、早大雄弁会出身で、渡米してアメリカの大学院で学び、アメリカの議論の文化に接してきた。戦後日本の再建のため、日本の若者のなかに議論の文化を育てようと考えたのであった。こうして一九四六年八月、朝日新聞は「民主日本の新しき地平は国民各層、わけても若き世代による自由活発な言論の力によって拓かれねばならぬ」として、「若き世代の言論戦」として「朝日討論会」を開催することとなった。「朝日式討論」と命名されたこのディベート大会は、全国の大学や高等専門学校の学生を対象に、全国八地区の予選を経て全国大会を実施し、優勝校を決めるという大がかりなものであった。朝日式討論は、各地の高校にも波及した。こうして戦後数年間の日本に、熱い討論の季節が到来したのであった。

第三の波は、冷戦体制崩壊後の現在につながる時期である。企業研修や学校教育のなかにディベートが導入され、社会的なブームを巻き起こしている。こうした歴史が存在するにもかかわらず、現在のディベートに関する議論では、過去へのまなざしの欠如が支配的である。特に第二の波に関して、戦後社会的に広がったディベートがなぜ急速に衰退したかを考察することは、今後の実践の在り方を考える上で重要である。その衰退要因のなかに、ディベート実践の陥りやすい弱点が介在していたと考えられるからである。（詳しくは、和井田清司「戦後ディベートの源流」武蔵大学人文学会雑誌三三巻一号、二〇〇一年、参照）

注

（1）グリーンブラット『ゲーミング・シミュレーション作法』共立出版、一九九四年、一八頁。

（2）同上、一九頁。

（3）同上、一九頁。

（4）片上宗二『オープンエンド化による社会科授業の創造』（明治図書、一九九六年）参照。

第4章　総合学習の新展開

第1節　総合学習の開発実践――「環境学」を中心に

1　「環境学」事始め

一九九六年、中央教育審議会の検討過程で「横断的・総合的な学習」の必要性が提起され、やがて学習指導要領の改定を経て「総合的な学習の時間」が創設された。だが、総合学習の実践は、さまざまなレベルで以前から継続されてきた。そこで本節では、「総合的な学習の時間」創設以前に自生的に取り組まれた総合学習の試行錯誤を検討することとする。

その事例とは、千葉県立小金高校の総合学習「環境学」実践である。なお同実践には筆者も計画段階から関与したものであり、実践資料は三冊の報告書にまとめられている。

「環境学」が誕生したのは一九九八年度であった。その背景には、従来の教科学習への反省があった。すなわち、従来の教科・科目の固定された枠組みや知識を系統的に教える伝達式授業だけでは、学際的な取り組みを必要とする人類的諸課題への対応や生徒たち自身の学びの要求に対応できない。科目の枠を超えて、学際的なテーマでの学習を組織できないか。また、「学ぶのは生徒」という視点から、教師は生徒の学習環境を整備し、生徒の探究を支援することに専念するようなスタイルの授業をつくれないか。こうした願いから、たまたま「生物Ⅱ」担当の川北教諭と「政治経済」を担当していた私とで意気投合し、総合学習のはじめの一歩を踏み出すことになったのである。

新年度（一九九八年四月）からの実施に向けて、その前の二〜三カ月を使って年間計画や教材研究がすすめられた。この準備の過程で、先行実践に学ぶためにいくつかの先進校（名大附属高「総合人間科」、奈良女子大附属高「環境学」、愛知県の「STS教育」実践者）を訪問した。また、全国の研究開発学校や総合学科高校に対し、研究紀要等の資料請求を行った。全国の到達点に学び、それらを参考にしようと考えたからである。

ところで、総合学習の時間は当時の教育課程には位置づけられていないので、自由選択科目「生物Ⅱ」の大項目「課題研究」の枠を活用して「環境学」の実践を試みた。実践の主旨と大まかな年間計画をたて、職員会議にはかって職員の了解と協力を依頼した。実際の授業は、生物担当の川北裕之教諭が中心となり、他教科の有志の教師が協力するというかたちで環境問題の授業づくりに取り組んだのであった。

2 「環境学」実践の流れ

年間の授業の構造は、図4-1のようである。図の中央には生徒の学習過程が時間順に描かれている。生徒の学習過程に対応して、教師の学習支援過程と外部環境の整備とが位置づけられている。この両者は、生徒にとっては学習環境である。図中の白抜き矢印が示している「相互作用関係」とは、生徒が学習環境に働きかけて学ぶという構造を示している。

このうち、生徒の学習過程は、一九九八年度の場合、およそ次の順を追って展開された。

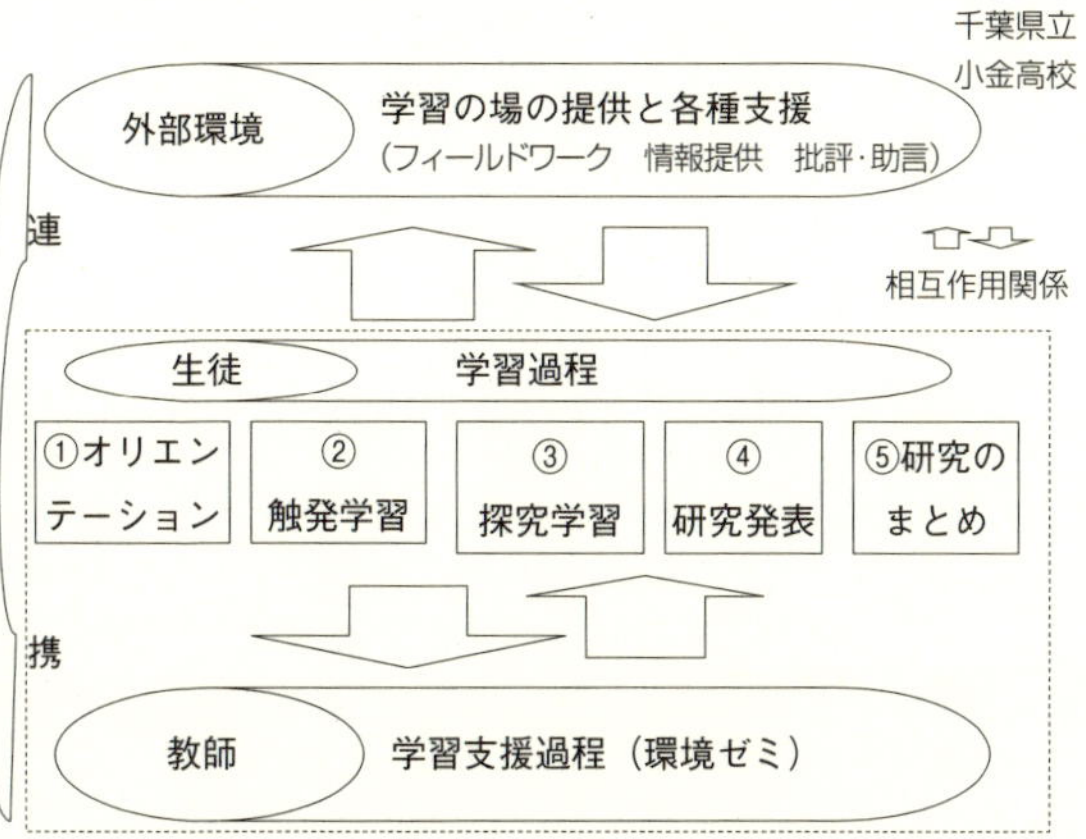

図４－１　環境学：〈学習＝支援〉の構造

① オリエンテーション　自己紹介ゲームで雰囲気を和ませ、環境学にとり組む意義を説明。

② 触発学習　レクチャー（環境問題総論・坂川の歴史等）、フィールドワーク（ビオトープ・関さんの森・三番瀬干潟）、ディベート学習等を通して、環境問題への興味・関心を触発。

③ 探究学習　グループに分かれ、環境問題のなかから自由にテーマを設定して研究する学習活動を組織。研究に際してはフィールドワークを組み入れ、オリジナルな資料や視点を加味するよう奨励。

④ 研究発表　公開の場で研究成果を発表。相互啓発を通して学習内容の共有を意図。発表時には、プレゼンテーションソフトやＯＨＰを活用し、焦点を

絞った報告となるよう援助。

⑤ 研究のまとめ　研究発表での批評を踏まえ、最終的な研究成果をまとめ、報告書を作成。

生徒の学習過程は、探究学習を中心に構成される。以下、流れにそってコメントしよう。

生徒たちが自ら課題を設定し自ら学ぶためには、学習対象に対する関心や意欲を喚起することが大切である。そこで、環境問題についてのレクチャー、地域へのフィールドワーク、環境にかかわる論題を使ってのディベート学習を組織した。環境問題のアウトラインを理解し、また環境問題の考え方・調べ方の基礎を身につけてほしいと願ったからである。なお、「触発学習」と銘打つ理由は、この学習がそれ自体として目的ではなく、その後に展開する生徒の探究学習のための手段として位置づけられているからである。

ディベート学習についていえば、「環境学」の実践のなかで、「環境税を導入すべし」「熱帯木材の輸入を制限すべし」「三番瀬の埋め立てを中止すべし」「原子力発電所の比重をへらすべし」という四つの論題を取り上げて実施した。そのねらいは、具体的な環境問題について討論するなかで、自らの研究テーマを選択する関心や意欲を

表4－1　1998年度環境学（1講座）探究学習のテーマ一覧

坂川の汚染と対策／理想の学校建築を探る／手賀沼汚染の現状と対策／森の効用を探る／地域の大気汚染を調査する／企業の環境対策／ダイオキシンの脅威／環境ホルモンを探る

喚起するためであった。

触発学習を受けて、生徒側がグループに分かれてテーマを決め、探究学習がスタートする。テーマの決定やグループの構成は生徒側にまかせたので、多くは友人関係を反映した班構成になった。八つのグループが、それぞれ表4-1にあげたテーマを選択し、文献研究やフィールドワークを踏まえて研究発表を行い、その成果を意欲的な研究レポートにまとめた。

3 生徒側の「学び」の特質——新しい学びの創造

一九九九年度の探究学習のテーマは、表4-2のようになった。前年度よりも、参加する生徒の数が倍増し、多種多様なテーマが取り組まれた。また、自分たちの生活に密着したテーマが増えている。学びの質も、より向上してきたといえる。

そこで、「環境学」実践にみられる、生徒側の学びの特質を整理してみよう。

第一に、こだわりをもった探究学習になっている。

テーマは、生徒たちが自主的に決定している。「自ら課題を設定し、

表4-2 1999年度環境学（2講座）探究学習のテーマ一覧

エコリーグの環境対策から小金高校の環境対策を考える／保育園児童に大切な環境とは／ビオトープは何をめざすか／ペットボトルのリサイクルの現状と問題点／集合住宅の緑地環境／ファーストフード店の環境対策／スチール缶のリサイクル——製造責任について／ペットボトルがどうリサイクルされているか／多様な魚類が生息できる環境とは——坂川を例として／ビオトープをつくる意義——手賀沼ビオトープ／都市近郊の森の意義——「関さんの森」の環境調査／身体によい化粧品とは——専門学校に体験入学して／ゴルフ場の農薬問題／小金高校のゴミ問題——学校のゴミは減らせないか

自ら学ぶ」という精神に即しているといえる。借り物のテーマでないから、「なぜ・どのように・どうするか」という問いが自然に生まれ、フィールドワークをくぐりながら、生徒自身による追究が進んでゆく。もちろん、その追究はまっすぐにすすむことは稀である。時には厚い壁にぶつかることもある。しかし、その壁の存在そのものが、社会勉強となるのである。

第二に、生活改善学習になっている。

ペットボトルやスチール缶の回収やゴミ問題にせよ、高校の傍らを流れる坂川の汚染の問題にしろ、身近であると同時に社会との接点のある問題である。また、研究の成果をふまえて、多くのグループが改善への提言をまとめている。その意味では、学習が生活とかかわり、学習の前進が生活のより良き更新へと直結する。学習指導要領において、総合学習の意義として「自己の在り方生き方を考えることができるようにする」とあるが、その主旨とも合致するものである。

第三に、新しい学びのスタイルをつくり出している。

A君の発表に接したある教師が、「他の授業ではあまり積極的に参加していないのですよ」とつぶやいていた。そこで、A君にそれとなく話を聞くと、「最初は面倒だと思ったが、自分でテーマを決めて好きなことができるので、特に嫌ではなかった。他の授業は、教師側が勝手に決めて勝手にやっているので、寝ている場合が多い」という。

この発言に含意されているものは、学習内容・学習方法の自己決定の大切さである。環境学の実践では、教師が教科書を使って知識を伝達するという従来の授業のパターンと異なり、生徒側の自己決定した学習テーマの探究に教師側がさまざまな支援を試みるというかたちが中心となる。ここでは、授業の構成原理が転換されている。学習者主体の学習となっているのである。

こうした学習では、教師の役割も自ずから異なってくる。「環境学」実践についていえば、この実践の推進組織は環境ゼミである。図4-1にあるように、生徒の学習と連動しながら、それを支援する組織が環境ゼミであり、各科目の担当者が、その特質を生かして環境学の学習に示唆を与えた。環境ゼミは生徒の学習支援組織であるとともに教師側の学習組織でもある。この二つの機能を兼ねた異教科ティームティーチング（TT）の組織化である。環境ゼミを軸に、複数の科目担当者が環境学習にかかわるなかで、相互に啓発し合うことが可能となった。

学際的な学習には、学際的なネットワークが不可欠である。環境学習において、このような「知の共同体」が自主的に成立し、機能したことの意味は大きい。これらの実践は、総合学習における教師側の推進組織の在り方に示唆を与えるものとなった。

4　学習の主体化——その条件と構造

「環境学」の授業がもつ特質を①科学的探究、②生活改善学習、③新しい学びのスタイルという三点から整理した。では、どのような契機がこのような学びに結びついたのだろうか。どのような要因が用意されるときに、生徒たちの主体的な学習が成立するのだろうか。

「環境学」では、「体験的学習」という手法が導入された。フィールドワークやディベート、グルー

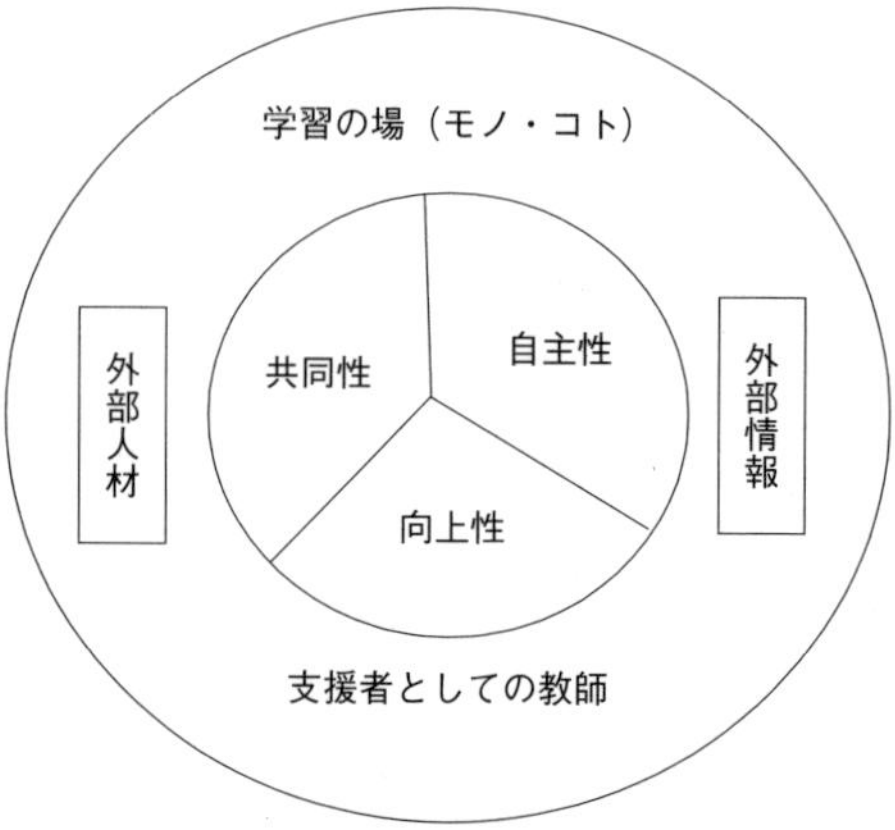

図4－2　学習の主体化－3つの条件

プによるプレゼンテーション等も体験的学習という性質をもつ。体験的学習は、座学と異なり、教室内外で活動的な学習を展開する。その際、ゴルフ場の研究グループの場合に典型的なように、行政や経営側のもつ現実の壁に遭遇したり、フェンスを境に虫たちがいないという衝撃的な発見をする。ここには、「学びの身体性」「学びの冒険性」とでもいうべき特質が現れているように思う。

この際重要なことは、こうした体験を通して切実な問いが成立する点にある。換言すれば、「問題的場面」に遭遇するということができる。そこに至ってはじめて、自分にとっての切実な問題的場面の解消に向け、学習のエンジンが起動する。自ら問いを設定し、自ら追究するという特質をもつ総合学習において、とりわけ体験的学習が重視されるのは、「体験的学習」を呼び水として「問題解決的学習」への通路が開かれるからである。したがってこの場合、体験的学習は目的ではなく手段なのである。

ところで、学習が主体化するためには、このほかにもいくつかの条件があるように思われる。図4-2にあるように、学習環境（学習の場・支援をスタンスとする教師のかかわり）が豊かに構築されること、生徒の学習が自主性・向上性・共同性を帯びること等が必要であろう。そして、学習全体において、生徒が自らの問いをたて、追究の過程で高まっていく自己を自覚し、友人の批評や共感に支えられて学ぶというプロセスが重要である。「環境学」の実践についていえば、テーマの自己決定（自主性）、探究を通した成長感（向上性）、グループ研究と発表＝批評（共同性）というかたちで、三つの契機がデザインされていたといえよう。

5　実践の成果と課題

学際的テーマを取り上げた「環境学」の実践では、生徒側の積極的な授業参加や教師側の意識の改革がみられた。通常、教科・科目が並立的で相互に閉鎖的な傾向をもつことが高校段階の特色と思われたが、かえって異なった視点から専門的なアプローチが行われるために、学習対象に対するクリアーな把握が可能となった。科目が分立するため高校における総合学習は困難であるという通念は、本実践を通して否定されたと考えてよい。

もっとも「環境学」の実践は、特定科目の一部を割いての実践であり、「環境学」という名称に象徴されているように、環境問題についての総合的な認識の獲得を目標としたものである。そこで、「環境学」の成果を「総合的な学習の時間」の実践にどのように生かしていくかが新たな課題となる。その後小金高校では、生徒・保護者参加のカリキュラム開発にとりくみ、創造的な「総合的な学習の時間」の実践を生みだしている(1)。

第2節　高校総合学習の特質と課題

1　高校総合学習「事始め」

高校の「総合的な学習の時間」（以下適宜「総合学習」と略記）が実施段階をむかえている。学習指導要領の規定を整理すると、総合学習のねらいとして、①問題解決の資質や能力の育成、②学び方やものの考え方の育成、③主体的・創造的な探究の態度の育成、④自己の生き方を考える力の育成、の四点を指摘することができる。さらに学習指導要領では、こうしたねらいに対応した学習活動の例が示されている。ここでは、時代に即応した新しい学習のかたちが求められているといえる。

大枠は以上のように定められたとはいえ、総合学習の実践に際して、基本的には各学校において学習内容や学習方法を開発するものとされる。その意味で、学校を基礎にしたカリキュラム開発(2)（School-Based Curriculum Development、以下「ＳＢＣＤ」と略記）が必要とされる。だが、日本におけるＳＢＣＤの経験は乏しい。一九五八年版以来、学習指導要領が法的拘束力を有し、ＳＢＣＤの実践は制度的に困難となったからである。総合学習の創設により、日本の学校は未経験のＳＢＣＤの実践という課題に直面している。

また、高校は学科制度や生徒の実態において多様であり、教師の担当科目への専門意識も強い。そのため、教科・科目を超えた総合学習の実践にたいして、独自の難点を抱えていることも事実である。こうした課題を抱えつつも、各学校に独自のカリキュラムや学習環境を用意し、生徒の生活と学習を結びつけ、学校内外のネットワークの構築が配慮されるならば、総合学習の実践を通して高校の改革が進行することとなる。そのような視点からみると、総合学習の実践は、高校改革に一つの可能性を用意するものである。[3]

その可能性を現実にするためには、高校総合学習の特質をふまえた適切なカリキュラム開発や学習指導の充実が求められる。本節においては、高校総合学習の特質を自律的学習の実現に求め、その特質をふまえた実践の方向を明らかにするため、戦後における高校総合学習の先行経験を検討し、そこからの教訓を探ることとする。高校総合学習の本格的な実践は今後の課題であり、実践方向の在り方を探究するには、同質の先行実践への教訓から示唆を得ることが必要であると考えるからである。

2 高校総合学習の特質

高校総合学習の展開にあたっては、自律的学習が重視される。その点は、文部省の解説書において、次のように指摘されている。[4]

「単に知識を習得する学習でなく、生徒の主体的、自律的な学習により、思考力、判断力、表現力や問題解決能力が育成されるようにすることが大切である」、「特に、高等学校の段階においては、自らの意見や考えを持ち、論理的に表現したり、討論したりする力、社会に対する認識を深め、自己の在り方生き方について考え、主体的、自律的に学ぶ力を身に付けることが強く求められており、この時間の意義は極めて大きい」(傍線部は引用者)。

ここでは、「自律的学習」が高校総合学習の特質として強調されている。小・中学校の解説書には、「自律的」という用語は見られず、「自律的学習」が高校段階の特質であることを傍証している。たしかに、青年期にあたる高校時代は、人生観や世界観を問い直し、社会のなかでの自己の生き方を探究する時期である。自律的な学習経験を通して、社会的自立をめざすことが求められる時期でもある。以上のように高校の解説書は自律的学習の重要性を強調するが、自律的学習の定義や内実、必要性に関する記述は乏しい。そこで次に、自律的学習の意味するところを明確にしておこう。

本節においては、学習者が学習目標・内容・方法・評価の全部または一部を主体的に選び取り自ら律しつつ学ぶ状態のことを指して、自律的学習と呼ぶ。自律的学習の経験は、青年が学習主体として自己確立するために必要なものである。

日本語教育研究の分野では、自律的学習とは「自己主導型学習」と同義であり、「自律的学習とは、学習者自身が自分の学習の目的を明確化し具体的に目標を立て、それを達成するための教材や方法を選び、実施し、評価するという学習の在り方である。自分の学習のプロセスの各要素の決定に責任を持って取り組もうという態度が重要となる」(5)と指摘される。さらに別の論者は、こう主張する。(6)

「教える側が教える項目を決め、それをどう効率的に実現するかという視点から産み出されてきた効率性追求の原理に代えて、起点はあくまでも学習者にあり、その学習者において学ぶことの実現をどう図るかに焦点を当てさせたのだ」「学ぶ対象を学ぶことは実現されていても、その過程で『何のために、どのように学ぶか、学ぶことはうまくいっているか……』などを問い、その答えにあったような形で、学ぶことを追求し、実現することは極めて不十分にしかなされていない」(傍線部は原文)。

これらの指摘を参照しつつ、自律的学習の特徴を整理しよう。自律的学習においては、次の五つの原則が作用する。

① 学習者起点の原則――学ぶべき知識や到達すべきゴールが先にあるのではなく、学習者のニーズを起点として学習が行われる。

② 自己決定の原則――目的・内容・方法という各学習要素の選択に際し、学習者の自己決定を重視する。

③ 過程的実現の原則――最終的な結果を一挙に実現することをめざすのでなく、現実の制約の下で、その制約を克服しながら日々の学習過程で徐々に目的を実現していく。

④ 多様性の原則――学習者の条件や周囲のリソースに合わせ、学習内容、学習方法、学習ペース、学習の場と時間、教材、評価等において多様な学習形態が追求される。

⑤ 共同性の原則――学習者は個人で学ぶが、同時に学んだことを共有し触発し合う関係のなかでより豊かに学ぶことができる。

学校教育において自律的学習を実現するには、これらの原則をふまえた指導者の適切な学習支援が不可欠である。

3 戦後日本における高校総合学習の先行経験

(1) 戦後高校総合学習の「三つの波」

総合学習の枠組みを①特定の教科・科目を超えるテーマに基づいた学習、②生徒を主体とした探究学習、③SBCDによる実践、という特徴においてとらえるとき、同質の実践は以前にも存在した。管見によれば、戦後高校総合学習の実践には三つのブームがある。

その第一は戦後初期である。戦後教育改革にあたるこの時期は、新制高校が生まれ、「民主的社会のよい形成者[7]」を育成するねらいをもって高校教育が推進された。こうした視点に注目した矢野裕俊は「高等学校教育が当初に目指そうとしたことは、戦後の新生日本における青年にふさわしい自律的な学習の在り方を探究することであった[8]」と指摘する。時代が青年の自律的学習を求めていたのである。そして、高校初期社会科に位置づけられた「時事問題[9]」は、社会的課題を取り上げて生徒が探究的に学ぶ科目として誕生したものであり、自律的学習をめざした高校総合学習の系譜の一つとして注目されるものである。

第二のブームは一九七〇年代である。高度成長の終焉に位置するこの時期は戦後日本の一大転換点であり、地球的問題群の登場、高度成長と地域社会の変貌、学園紛争の経験、高校の大衆化、系統学習の限界と個性重視への要請という社会や教育の変容と連動して、総合学習の動きが台頭した。具体的には、民間プランの「教育課程改革試案」(以下「試案」と略記)に「総合学習」が位置づけられ、現場の実践を刺激することとなった。この「試案」の提起を受け、高校段階でも和光高校において典型的な実践が開花した[10]。

第三のブームは一九九〇年代である。この時期は多様化をめざす高校教育改革が進行し、制度面や教育内容面で新しい局面を迎えた。すなわち、制度面では「第三の学科」である総合学科が誕生し、教育内容面では総合学科の原則履修科目である「産業社会と人間」や「課題研究」、専門学科の「課題研究」、高校「理科」諸科目等の大単元としての「課題研究」等が出現した。これらの諸科目は、高校総合学習と関係の深いものである。実際これらの枠組みを活用し、高校総合学習に親和的な実践が蓄積されてきた[11]。こうした枠組みや実践の延長線上に今次の高校総合学習が創設されている[12]。

(2) 選択社会科「時事問題」実践の可能性と課題

一九四七年版学習指導要領に制度化された高校社会科各科目の構成は、一年次の「一般社会」の上に、「時事問題」を含む四つの選択科目が位置づけられていた。特に「時事問題」は、選択諸科目のなかでも、学習領域・学習方法両面において「一般社会」とのつながりが強く「社会科教育の仕上げを為すもの[13]」と評価されていた。ちなみに、一九四七年版学習指導要領は、「時事問題の学習には教科書を用いない。その教材はおもに新聞や、雑誌やラジオ放送やその他情報を提供するものから引き出される[14]」と規定している。このように、「時事問題」の学習には教科書を用いず、現実の社会事象のなかから教材を選び、生徒の活動的な学習を展開する方向が示されていた。ＳＢＣＤの観点が要請されていたともいえる。

だが、「時事問題」の扱いは、教科書検定基準の明示（一九四九年二月九日）、「時事問題」基準単元の明示（一九五〇年三月六日）、「時事問題」単元要綱の公表（一九五〇年九月一二日）という具合に急変する。この一連の経過から、社会生活上の問題を取り上げて生徒が探究的に学ぶという当初掲げられた方針が、次第に変容し、形式化・系統化していったことがわかる。そのことは同時に、総合学習としての特質や自律的学習への回路が狭められていったことを意味していた。

こうした文部省による系統化の動きは教育現場の実態と相関していた。当時の資料を基に、現場における「時事問題」受容の傾向を指摘すると次のようである[15]。

① 授業形態は講義式で、科目を縦割りに細分化し複数の担当者で教えることも多かった。
② 「時事問題」担当者の多くは教材づくりの困難に直面していた。
③ 教師の忌避傾向から、時期とともに教育課程上にしめる「時事問題」の比重が減少した。
④ 地方レベルで「時事問題」教科書や実践プランがつくられていた。

このうち、①〜③に示されるように、多くの教師たちは伝達志向の啓蒙的授業観の呪縛から抜けきれず、学びを組織する方法論をもちえなかった。そして、多大の努力を要する「時事問題」を忌避するとともに、当局に定型化を求めたのである。

こうして「時事問題」は、教育現場にさまざまな波紋を投げかけることとなった。教科書を用いず、現実に生起する社会事象から教材を選択する方法が推奨されたことから、多様な実践をうむ可能性が拓かれていた。そして現実に、全国各地で「時事問題」実践のさまざまな芽生えがみられたところである。だが、一方で上から次第に系統化がすすみ、下から忌避傾向が強まっていった。それにともない、実践も形式化し陳腐化していった。こうして、「時事問題」実践において、自律的学習の可能性は次第に閉塞していったのである。

(3) 教育課程改革試案と和光高校の実践

一九七六年に公表された「試案」は、当時の学習指導要領が〈教科・特別活動・道徳〉で構成されていたのに対し、〈教科・総合学習・自治的諸活動〉の三つの柱を提起している。このうち、〈総合学習・自治的諸活動〉は従来の教育課程の枠組みを変えるものであり、注目に値するものであった。「試案」は、教育課程上に「総合学習」を位置づけようとした嚆矢であるとともに、教育現場からの実践を集約して作成されたものであり、また同時に教育現場に一定の影響を与えたものである。すなわち、この総合学習構想は単なる机上プランではなく、一九七〇年代における平和教育や公害教育などの諸実践をベースに構想されたものであった。一方、「試案」が影響を与えた例証としては、千葉県における取り組み[16]がある。高校段階でも「試案」作成直後から和光高校において総合学習が実践に移されている[17]。

和光高校においては、一九七八年度より二、三学年に総合学習を位置づけ、「環境と人間」(二学年)・「人権と生命」(三学年)というテーマで実施している。その後現在に至るまで歴史を重ねている。その歩みは、生徒との相互作用のなかで実践を進展させてきた成長の過程であった。特に、一九九〇年代の「コペルニクス的転換[18]」の最大の契機が、生徒の変容と学校のシステムとのミスマッチにあり、現実の生徒の実態から生徒像を問い直し、そこから授業観・学校像の再検討へとすすんでいった力動的な学校経営が注目される。一言でいえば、「生徒たちに促された改革[19]」といえる。こうした過程を踏まえて、総合学習についても「生徒参加型」の学習へと進化してきた。

現在のスタイルは、現代的課題を共通テーマに設定し、各教員がそのテーマの下で教材や授業方法を工夫し展開するものである。なお、総合学習が家庭科や保健の教科の代替として位置づけられているので、評定を付けることとなっていることに留意しよう。こうして和光の実践は、「試案」をルーツに今日も続いているのである。

(4) 先行実践からの示唆

以上のような歴史的経過を参照すると、時代や社会の必要から提起された総合学習の理論と実践は、いくつかの限界を抱えていたことがわかる。特に自律的学習の観点からみた場合、以下の三点につき、克服すべき問題に直面していたことが指摘できる。

第一は、教育行政指導と学校の自律性との関係の問題である。

この問題を「時事問題」実践に照らして考えると次のようである。

新制高校が発足し、新しい教育方針が示されても、教室の授業実態が自然に改革されるとは限らない。むしろ、明治以来の教授定型や教員文化は教育の古層として残存した。そのため、「時事問題」実践においても、一部に創造的な実践が生まれたとはいえ理念から逸脱したケースも少なくなかった。そのようななかで、上からは逸脱を是正することで実践を改善する方向が強化され、下からはより確かな手引きを求める傾向が助長された。そのことは同時に、ＳＢＣＤの余地を狭め、実践を定型化していくことにつながった。文部省当局と学校現場の「負の循環」が作用したのである。

今回の総合学習についても、同様の傾向が危惧される。「時事問題」の経験から示唆される点は、現場における自律的な実践の成熟とそれを待つ当局の余裕により、ボトムアップの実践とトップダウンのサポートが「正の循環」をつくり出すことが大事であるという点である。

第二は、総合学習の教育課程上の位置づけの問題である。

「時事問題」は社会科に位置づけられた。この位置づけの差異は、担当教員や学習内容の性格を規定する。「時事問題」は社会科という特質に制約され、内容が方向づけられた。そのことも作用して、現実の教室世界では、「時事問題」学習といえども、知識伝達型授業が支配的となった。さらに、知識を羅列した「時事問題」の検定教科書の登場や受験圧力も加わって、「時事問題」学習を貧しいものにしていった。

だが、特定の教科領域に制約されることなく、生徒が自らテーマを設定して自ら学ぶという時間枠として「時事問題」が機能することもありえたであろう。時事問題そのものは、社会的諸問題に限らず、日常生活や自然・人文分野の諸問題も当然含まれるものである。

一方、「試案」に触発されてスタートした和光高校の総合学習は、保健や家庭科を組み込んだ新しい教科として創設された。「試案」が、最終的に教科領域において総合学習を位置づけたこととの相関を指摘できる。和光の実践では、現代的課題をテーマとして探究的学習が組織されているが、自律的学習の観点からみるとき、教師主導の傾向が否めないであろう。

かつて梅根悟は、「本来総合学習の思想は、……コアを持つ全体性のある、構造性のあるカリキュラム」であり、生活をコアとした「立体的な統一体」として教育課程を構成することを主張した[20]。その視点にたてば、総合学習を、ただ総合の「時間」をどのような学習活動で埋めるかという表面的な議論で済ませるのでなく、教育課程全体を一体のものとしてとらえ、そのうえでどのような学習経験を構成するのかという問題として意識することが肝要である。その意味からいえば、今次総合学習が教科と別の「時間」として創設されたことは、戦後の経験の反省に照らしてみても妥当な選択であった。

第三は、総合学習の〈学習＝支援〉の構造の問題である。

「時事問題」定型化の動き、「試案」や和光実践の社会的課題重視の傾向は、自ずと教師中心の実践へとドライブをかけるものとなる。「誰による、誰のための総合か」が問われるのである。この点に関して、山口満は由良哲次の研究を引きながら、総合学習が求められる理由を主観的根拠と客観的根拠に分け、両者の陥りやすい傾向として、客観的根拠が教師主体への、主観的根拠が生徒主体への傾斜をそれぞれもちやすいことを指摘している[21]。この指摘は、「学習（生徒の学習）＝支援（教師の指導）」のバランスの必要性を示唆している。

ここで「学習＝支援」という表現を使うのは、「学ぶのは生徒であり、教師は生徒の学びを支援するものである」という立場を明確にするためである。その意味では、デューイのいう間接的教育作用[22]の観点にたち、生徒の経験（学習環境への働きかけ）の深化による教育効果の向上という方向性が重要となる。今後の高校総合学習の実践においても、自律的学習の視点が求められているといえる。

第3節　戦後総合学習の史的遺産
――一九七〇年代における総合学習実践の今日的意義

1　問題の所在――総合学習の先行経験[23]に注目する意味

「総合的な学習の時間」（総合学習）の実践が、スタートした。だが、その進む道は平坦とはいえない。一方で、学力低下論をはじめとして新学習指導要領や総合学習そのものへの批判が喧しい。他方で、創意工夫の求められる総合学習は多忙化に輪をかけるものとして敬遠されがちのようにみえる。そのようななかで、実際の実践効果としても、あまり成果があがっていないように報道されている[24]。

だが、今日の閉塞した社会状況や「学びからの逃走」とも指摘される子どもたちの現状をみれば、新しい学びが要請されていることは明らかである。その意味で、社会が直面する難問や子どもの生活に密着するテーマを取り上げ、子どもたちが探究的に学ぶ時間と空間が、学校の時程に位置づけられたことの意義は大きい。総合学習の理念を明確にし、生徒の探究を教師が適切にアシストする発想と技法が求められている。

ところで、総合学習の創設にともない、実践指針や提言が活発に出されるようになった。だがその割に、総合学習の先行実践への注目や考察は少ない。過去の総合学習がどのような必然性において提起され、いかなる可能性や限界をもっていたかを検討することは、今後の総合学習の実践を考えるうえで貴重な教訓となる。過去の検討は未来への指針と繋がるからである。

本節は、一九七〇年代における総合学習の先行実践や構想に着目し、今次創設された総合学習への示唆を探ることを目的とする。具体的には第一に、〈公害と教育〉の実践を通して総合学習への通路を拓いた二人の実践家（田中裕一・戸石四郎）の足跡を追究する。両者において、公害教師としての自己形成の過程は、同時に総合学習の発見・展開の過程でもあった。そしてその過程は同時に、日本における総合学習の成立過程の一翼をなしていた。第二は、一九七〇年代半ばに提出された「教育課程改革試案」（以下「試案」と略記）における「総合学習」構想を取り上げ、その可能性と課題について考察する。「試案」において、小・中・高校全体にわたる教育課程の改革プランが構想され、そのなかに「総合学習」が位置づけられていた。「総合学習」という名称が初めて教育課程の構造のなかに位置づけられ、また「試案」に基づき「総合学習」と銘打つ著作[25]が公刊された。その意味で「試案」は、「総合学習」の嚆矢といえる。ここに、「試案」に注目する意味がある。

2 「日本の公害――水俣病」授業（田中裕一実践）とその後[26]

(1) 公害とむきあう教師たち

高度経済成長政策のもとに展開された地域開発の動きは、公害と呼ばれる環境破壊を各地に生起させた。それは同時に公害の防止に取り組む住民運動を惹起し、その運動の担い手として全国各地の教師たちも活躍した。だが、公害問題へのかかわりは教師たちにとって地域の環境保全の運動にとどまらなかった。ここで重要なことは、住民運動の体験が、教育実践の転換をはかる磁場として作用したことである。

それは、学問分野に固定化された教科・科目の狭隘さや生活と切り離された教育知識の限界への自覚であり、学習主体としての児童・生徒の発見の過程であった。公害との出会いを通して実践を開発してきた教師たちは、めざすべき新たな学びの体系として総合学習という分野を次第に意識していった。

では、なぜ総合学習なのか。公害問題に例をとれば、第一に現象そのものが多面的な事象であり、その認識のためには総合的な知識が求められる。第二に、公害問題を解決するためには、単なる物知りになることではなく、知識を応用可能なかたちで習得し、他者とのかかわりのなかで運動化する実践力が求められる。こうして、対象の客観的性格および解決に向けた主体的力量の形成という両面において、総合性が求められるからである。

こうして、公害反対運動への遭遇を契機として、公害教育の実践を通して総合学習の構想に邁進した一群の教師たちの存在が注目される。そうしたキーパースンとして、沼津・三島のコンビナート建設阻止に主導的役割を果たした西岡昭夫、四日市公害のもとで実践を開発してきた多田雄一、水俣病の典型的な授業実践を展開した田中裕一、同じく新潟の吉田三男、銚子火力発電阻止に取り組んだ戸石四郎等の存在を指摘することができる。それらの実践家のうち、本節においては田中裕一と戸石四郎について、その実践の歩みを検討することとしたい。

(2) 教職経歴と実践

田中裕一（一九三〇〜二〇〇三年）は熊本市で生まれ、熊本大学法文学部哲学科を卒業後、熊本県内において教職に就く。一九五三年のことである。爾来一九九〇年に退職するまで、六つの中学校において社会科教師として教壇に立ち続けた。退職後も複数の大学において、環境・平和・人権をテーマとした講義を担当し、若い世代の教育に携わってきた。

田中は、少・青年期において、一方で教職への希望を、他方で敗戦による教師の反省無き「転換」への不信感を抱いた。教育・教師への不信と期待の両義性を胸に、大学では哲学の研究を志した。教育への不信が希望に変わるのは、天草地方を皮切りに始まった教職生活で出会った教師や生徒たちへの信頼からであった。折しも、水俣病という不正義に直面し、教職員組合の運動を通してこの社会的不正義に取り組んだ田中は、やがて社会科授業のテーマとして水俣病を取り上げることとなる。一九六八年度のことである。

田中を著名にした実践として、この「日本の公害——水俣病」授業（一九六八年一一月二〇日、熊本市立竜南中学校三年）があげられる。この授業は、社会科の公開授業（熊本市）として実践され、全国的に多くの反響を呼んだからである。

田中の教職生活を辿ってみると、この水俣病授業を中継点として、前期・後期と二分することが可能である。前期においては、子ども理解・社会問題への取り組み・多教科多分野の教育実践に邁進し、その結実・集約として水俣病授業実践が可能となった。後期においては、水俣病授業実践の視点を発展させ、学校内外の多彩な教育実践を展開していくのである。

こうした広がりでみていくと、田中を教室授業における優れた実践者としてのみ評価することは妥当でない。田中は、学問的探究者であり、公害防止活動をはじめとした社会運動家であり、また学校の改善や教師の教育文化活動を促進する教育実践者であった。それらの知的営為の総括として「日本の公害――水俣病」授業が構築され、その授業を回路として、その後の総合学習実践の発展が可能となったとも解釈できるからである。

(3)「日本の公害――水俣病」授業再考

「日本の公害――水俣病」の授業は、「日本で最初の水俣病公開授業[27]」となった。学習指導要領や教科書には「公害」の指摘もない時代であり、先駆的な実践として注目された。

この授業における単元構成は、中学三年経済学習のなかの資本主義経済の諸問題に位置づけられ、「日本の公害――水俣病」と命名されている。「経済成長下の日本の公害の実情、熊本の水俣病、公害の責任と処理[28]」の流れで構成し、「患者が追い込まれた悲惨さと患者を追い込んだ論理[29]」を対比させ、人間の尊厳を優先することの重要さを結論とし、次のような流れにおいて実践された。

一次　日本の公害の実情と問題点　（概観をつかむ）
二次　熊本の公害：水俣病　（問題を深める）
三次　公害についての整理的討論　（まとめ）

このうち、二次が公開授業として実践されたものであり、その指導案は表4-3に示す[30]。

表 4－3　「日本の公害―水俣病」学習指導案

	学習活動	指導の留意点	資　　料
導入15分	○水俣病の実態を知る ・認定した厚生大臣のインタビューを聞く ・患者の声を聞く ・写真の説明を聞く ・手記の中で（感動したことを拾い共感を確かめる。患者の訴えたいことをまとめる）	○水俣病の症状についてあらかじめ調べさせておく（グループ） ○手記は時間内に読むことは困難なので前もって配布し，とくに感動したところは線を引かせておく	・テープ（NHK スタジオ 102 より） ・写真 （桑原史成氏の撮影） ・手記プリント （上野栄子氏のもの）
展開25分	○水俣病認定までの経過を知る ・原因究明の経過を知る（医師，学習，会社，市県，国） ・死者患者の対策がどのように行われているかを知る（不知火漁民争議，契約書，見舞金）	○原因究明までの経過は前もって調べさせておく（グループ） ○死者，患者対策の実態を前もって調べさせておく（グループ）	・患者の分布地図 ・水俣湾の水銀量測定図 ・猫実験 400 号のデータ ・患者互助会と会社との契約書 ・アセトアルデヒドの生産量と患者発生数
	○どこに原因があり，責任があるのかを考える ○どのように処理したらよいのかを考える（国の認定，法律条例，制度予算，被害者補償，企業経営，経済政策）	詳しい整理的討論は次時にまわす	公害防除投資

授業展開の特徴についてあげてみよう。第一に、生徒のグループ自主学習とその発表という方式が工夫されている。第二に、写真・テープを活用して視覚・感情に訴える手法がとられている。第三に、一時間の授業の山場が鮮明に打ち出されている。第四に、学習後（次時）に討論の時間が保証されている。このうち、〈猫四〇〇号実験（一九五九年一〇月）〉と〈見舞金協定（一九五九年一二月）〉の内容と時間位置を山場に設定した授業展開の構造が重要である。

ところで、この授業の背景を明らかにするため、いくつかの問をたててみよう。第一は、実践地がなぜ水俣でなく熊本市であったのかという問である。当初田中には、水俣の教師たちの実践に期待する姿勢が存在した。教職員組合の教文部長（一九六〇〜六三年、専従職）にあった田中が、水俣の自覚的な実践家に水俣病の教材研究と授業実践を要望すると「着弾点が近すぎる」との躊躇が語られ、断られてしまった。そこで現場に復帰してから、自ら実践を決意したのである。[31]第二に、水俣病の発生は一九五〇年代後半だが、なぜこの実践が一九六八年一一月を待たねばならなかったのかという問いである。これには慎重な配慮と決断が秘められている。水俣病の教材化は、原因企業と行政指導の問題を避けて通ることはできない。慎重な配慮が必要なテーマである。だが、一九六八年になって新たな展開がみられるようになった。すなわち、政府による公式認定とチッソ附属病院長であった細川一の手記の出版である。また、宇井純著『公害の政治学』の出版にも励まされた。こうして、「偏向攻撃を受けても負けない[32]」という状況分析のもと、時は熟したとの判断が田中にあった。また、担任したクラスの生徒が校内の弁論大会において水俣病問題についてのスピーチを展開したことも田中の背中を押す要因となった。第三に、あえて熊本市の公開授業の場において実践したのはなぜかという問いである。これには多言を要しないだろう。環境と人権の二重の抑圧にある水俣病の問題を社会科教育の表舞台に載せるには、多くの教育関係者が参加する公開授業はまたとない機会なのであった。

公開授業における田中の構えなり授業デザインについて、その特徴点をまとめてみよう。

第一は、主題設定の鋭さと周到な教材研究の準備である。田中は、水俣病の問題を身近な地域問題として授業を構成したのではない。むしろ、「地域から出発し、日本と世界を貫く課題を精選する」[33]問題として扱おうとしたのである。そして、「何度も水俣を訪れ、被害者の方々と会い、入手できる限りの資料を集めた」[34]という。実際この授業で使われた資料が、その後の裁判の過程で多数証拠として採用された。田中自身が「水俣病に憑かれた人びと」[35]の一人であったのである。後年、なぜ水俣病なのですかと問われ、とっさに「知ってしまったからです」と答えたという。水俣病は連日トップニュースで新聞報道され、熊本の社会科の教師である田中にとって、このテーマは「私自身の存在理由」「職業としてのエシックス」[36]にほかならなかった。

第二は、授業構造の典型化である。どのようなヒントがその鮮明な構造を用意したのか。そこには、上原専禄（地域―日本―世界を貫く課題化意識）、斎藤喜博（最高水準の単純化）、ピカソ（決定的単純化）、ポール・ヴァレリィ（飽くなき厳密）からの示唆が位置づいていた。田中は主張する。教材研究の要諦は、「最高の学問や芸術の成果をうすめることなく凝縮し、単純化すること」[37]であると。公開授業では、猫実験と見舞金協定の矛盾提示にその「凝縮的単純化」が生かされている。

第三に、教えることと学ぶこととのバランスに配慮されている。授業は、田中の問いかけやリードですすめられていった。だが、事前のグループ学習や事後の討論学習により、生徒たちは基本的な事実関係や概念、問題点について知識や理解を深めていったのである。

(4) 総合学習実践への進化

田中は、「水俣―日本―世界を貫く環境教育のマスターキーの上に、以後の私の実践は展開する[38]」と指摘し、公開授業以降の実践の概略を示している。

第一に、環境・人権・平和をコアとした社会科教育の展開である。この分野での典型は、長崎・佐世保の被差別部落と在日韓国・朝鮮人への取材に基づく「被爆と差別の二重構造」の教材化(一九七六年)の取り組み等があげられる。退職後も、同質の問題関心によって、大学での講義が展開されてきた。

第二に、生徒の生活全体への教育実践の拡張である。この分野での実践は、多彩である。まず、「人間と自然――その過去・現在・未来」のテーマで環境を考える修学旅行の実践(一九七四年)をあげることができる。さらに、専門家を招いての民藝の授業(一八八四年)、校舎彩色のデザインへの生徒参加(一九八五年)、校内植物園の設置(一九八七年)、校花の決定(生徒による投票)と校花アジサイの壁画作成(一九八九年)等、生徒の目線に立ったユニークでエコロジカルな取組みが展開されている。教科を超えたこれらの学びは、「住民が決める―という地域住民の自治の原則の学習……地域環境決定の主体である住民のための学習[39]」の理念に沿うものであり、生徒の学校参加の一つの先駆的な形を用意するものとなっている。なお、障害児の入試や評価における差別撤廃（一九七三年）や丸刈校則の見直しなども、生徒の人権を保障しようとする努力として位置づけられる。

第三は、地域における環境保全活動や環境教育の地域的展開である。この点では、地域での環境教育カリキュラムの編成と資料集の作成および実践（一九八〇年）、遺跡保存・歴史公園建設の活動（一九九二年）等があげられる。

第四は、地域教育サークルの取組みと発展である。地域教育サークル「未来を創る会」の組織化と運営の中心となって活躍してきた。同会は、戦後丸木政臣を中心として活動を始めた「若い教師の会」を発展させたものであり、一九九八年度から自主教養講座をスタートし、田中はその講師として歴史講座や性教育講座を担当している。田中の退職時、同会から退職を記念して『石の叫ぶとき』が発行された。また、同会所属の岡田みつよの実践になる『木を植えた子どもたち』には、田中が長文のコメントを寄せている。実践創造の磁場として、同会での研究と学習が成果をあげ、その中軸に田中が関与してきたのである。

以上のような多方面への活動を総括して、「田中先生は、公害教育、平和教育、性教育等、社会科を中心に据えた中学校の教師としての道を歩んでこられました。先生の授業は総合学習であり、常に子どもの未来を拓く教育であったように思います(40)」と指摘されている。こうした実践の発展は、田中における総合学習実践の形成過程として概括することが可能であろう。そして、田中の実践史における質的深化および実践家としての成長の過程は、戦後総合学習の源流の一つをなすものであり、特に社会科教育と総合学習の相互規定的・相互還流的な関係構造に一つの典型を用意するものといえる。

なお、田中は、二〇〇三年の秋に「死を目前にして『死』を考える」と題して、ビデオによる講義をおこなった。「生と死」をめぐる古今東西のエピソードをちりばめたこの講義は、田中による最後の「総合学習」の実践にほかならなかった。

3 戸石四郎における「総合学習」実践の形成過程(41)

(1) 公害問題への関与

戸石四郎は一九二九年に仙台に生まれ、東京水産大学(水産講習所)を卒業後千葉県において教職に就く。一九五〇年のことである。爾来四〇年、一九九〇年に退職するまで、理科の教師として教壇に立ち続けた。戸石の教職生活四〇年をふり返ると、一九七〇年代前半を画期として前期・後期に二分することが可能である。その契機は、一九七〇年に勃発した銚子における東京電力火力発電所誘致反対の住民運動(以下、「火力反対運動」と略記)への関与であり、その後の〈公害と教育〉研究・実践の担い手としての自己形成である。

戸石にとって、転機は次のようにやってきた。一九七〇年三月、一市議の質問を契機に五二〇万キロという世界最大規模の東京電力火力発電所誘致計画が明らかとなり、銚子市内は騒然となった。漁業と農業の比重の大きい銚子地区において、巨大開発は生活環境の破壊であると同時に第一次産業の基盤を危うくするものと受け止められた。そこで、六月に「公害から銚子を守る市民の会」(以下

「市民の会」と略記）が発足し、活発な反対運動が展開されることとなる。そして二カ月後の八月、計画の「白紙撤回」を勝ち取るのである。

この活動において、「市民の会」事務局次長として運動の中枢を担った人物が戸石であった。地域に根ざす教育を志向する立場からは、この巨大開発問題を放置できない。火力発電所の建設は、その予定地の風下に位置する市内三つの高校を排煙ですっぽりと覆うこととなる。そう考えた教師たちは、東電火力反対運動に積極的に参加したのである。

この銚子の事例は、一九六四年における沼津・三島・清水の取り組みに続く公害防止運動の典型的な成功例となった。「学校の教師集団が運動の中核になり、環境影響や安全を検討する住民の科学学習や地元の環境調査の指導者となり、地域開発のあり方を住民の側にたって考える重要性を全国に示した先駆的な運動(42)」と評価されているものである。

市民運動に関与したことは、教師である戸石にとって教育実践上どのようなインパクトを与えるものであったろうか。

第一は、住民の学習会における〈教授・学習原理〉の転換の問題である。

火力反対の運動において、「学習会活動こそ、住民運動の極意(43)」であった。その学習会を担った地域の専門家としての教師にとって、この経験は学校や教室とは異なった性格を帯びていた。教室世界では、教師と生徒の関係は〈教師の教え-生徒の学び〉というかたちで構造化されている。専門家としての教師が、未発達な生徒の蒙を啓くものとして定型化されているのである。また、教師の伝達すべき教育知識は、学問分野毎にカテゴライズされ、何を教えるかはほぼ安定的に存在している。さらに、どう教えるか、教えた結果どうであったかも、教師の裁量に任され、また評価権によって最終的な権限は教師に掌握されるものとなっている。

だが、住民運動における学習会は全く異なった原理に基づいている。主体は住民の側にある。生活をかけた課題と向き合う住民たちには、なぜこうなっているのか、どうしたら解決できるのかという切実な問いがある。その問いに納得できる内容を示しえなければ、教師たちはその存在価値を否定されるのである。こうして、公害の科学を教える教師たちは、同時に住民から常に「問われる存在」となる。しかも公害という事象そのものが総合的な性格をもつことから、住民からの問いも多方面にわたる。そうした切実で鋭い問いに、専門外だからと回避することはできない。

第二は、勤労青年の学習意欲の発見である。

仕事の合間を見つけ、青年たちは近隣の被害地を調査して廻った。漁業青年は久里浜発電所の排水口近くの海に潜り、貝や海藻の状況を調べ、被害の実態を皆に伝えた。農業青年は、マイクロバスで姉ヶ崎東電火力発電所の近辺を訪れ、発電所周辺一五キロの被害実態をテープレコーダーとカメラに記録した。洗濯物のシミやトタン屋根の傷みなどの生活への影響、松や野菜など植物生態への被害、住民の健康傷害などが具体的な姿で明らかになった。こうした成果をもとに青年たちは、町内会、市長や市議会、県庁関係各課、農協などの諸団体に対して実情報告と要請活動を重ねたのである。かかわった青年たちの成長はめざましかった。青年団のリーダーの一人は「世の中がだんだん透けて見えた[44]」と語っている。こうして、火力問題への取り組みは「自己教育としての社会教育」であり、その触媒の役割を教師たちが果たしたのである。それと同時に教師たちもまた、住民の真剣な学びに教えられたのであった。

第三は、学校教育において支配的となっている教育観の転換の問題である。

火力問題で活躍した青年たちは、地元の職業高校の出身者たちであった。一方火力推進の側にたつ青年会議所には、進学校を経て有名私立大学出身の経営者たちが集っている。偏差値や学力・学習意欲における比較では、農漁民の青年たちは、必ずしも上位に位置しない。だが、切実な課題や問いに促された彼らの自己学習は、従来の教育観を揺さぶるものであった。戸石の言によれば、農漁業青年たちの姿に接することで、教師たちは「学歴や成績などでは、人の能力や可能性を測りきれるものではないということ、また実生活の要求から出発し、〝何のために、何を学ぶべきか〟という見通しをもったとき、ひとは力をいかに発揮させ得るか[45]」を学ぶこととなるのである。

こうして、「まちに出た教師たちの活動」は、地域と結びつくことで教育実践そのものの質的改革をはかる契機となったのである。では、戸石の場合、その経験をどのように教育実践とつないでいったのであろうか。また、そのなかでいかにして総合学習に逢着していったのであろうか。次に、その点をみていくこととしよう。

火力問題とのかかわりは、その問題をどのように教材として教壇の実践に位置づけるかという課題に直結する。公害教育の意識化である。戸石は、二つの場面において、公害教育の実践を組織している。

第一は、教科学習の一環として公害問題を取り上げることである。戸石は、主担当科目である「生物」の学習において、自然と人間を統一的・歴史的にとらえる観点を重視し、独自のプランを編成している。このなかに、自然と人間のあいだの循環の問題として公害問題を位置づけたのである[46]。特に導入と最後で火力問題が題材としてとりあげられ、学習意欲の啓発と学習のまとめというポイントにおいて地域教材が位置づけられている。

第二は、課外活動の場面で公害問題を取りあげている。その多くは、郷土の自然環境を調査する学習（大気中のNO_2調査、アサガオによる大気汚染調査、地域の風向風速調査、雨水のpH調査、川・池・飲料水の水質検査、メダカの分布調査、セイタカアワダチソウの分布調査、帰化植物の分布と帰化率調査、野鳥の分布調査）であり、クラブ活動などの場で実践したものである。では、こうした公害教育の実践が、「総合学習」というフレームに繋がっていく経過を次にみていこう。

(2)　総合学習への接近

火力問題を通して教育実践の在り方をとらえ返していった戸石は、一九七〇年以降、各段階（分会・支部・県・全国）での教研集会や著書・論文において、精力的に報告や執筆に取り組んでいる。その経過をみると、戸石の実践報告や論文の基調に、次第に総合学習の輪郭が生成していったことがわかる。順を追って確認していこう。

まず第一に、教師の総合的力量の必要性が自覚されていった。一九七〇年の火力反対運動の経験が、この自覚の契機となった。この点に関して戸石は、「高度な総合問題としての公害問題に対して、いわゆる〝専門バカ〟的知識は全く無力であり、教師自身に……総合的力量が必要とされた[47]」と指摘している。

第二に、生徒における教科的学力と能動的実践力との総合の必要性が自覚されていった。この点について戸石は、「それは（個別的学力――引用者）、自治活動という生徒にとっての実生活、社会的実践過程においてためされ、それを通じて総合され、生徒の人格のなかに定着することが可能なのである」「生徒たちが、彼等にふさわしい社会的実践過程にふみ入ることによって、その中での理論と実践の弁証法的な働きあいと、教師の正しい指導によって、彼等の社会観と自然観のぬきさしならぬ現実との対決によって、はじめて科学的世界観に統一され、彼等の全人格的実践の指針として生きることになる」と指摘する[48]。この指摘にみられる「実践的知性」とでもいうべきものは、戸石の生活指導実践の蓄積とともに、銚子の農漁業青年の学習の姿から触発されたものであると考えられる。

第三に、総合科学的教育の構想に到達した。戸石は、総合された科学の力と人権意識の統一こそ住民運動の推進力であり、教科の在り方を含めた領域概念とその内容の再検討の必要性を説いている[49]。ここには、公害運動の経験をふまえて、公害教育を教育課程の体系のなかに位置づけようとする姿勢（「領域概念とその内容」）が看取される。

第四に、総合学習の包括的な概念を提起することとなった。戸石の指摘は、こうである。「この反省（既成の科学・技術と専門家の姿勢が専門分野に細分化し、分析に偏って総合の視点と方法を喪失したこと——引用者）に立って、自然科学（教育）と社会科学（教育）を統一し、総合学習の方向をめざすなど、学問と教育が新たな〝総合〟を追求すること[50]」。

こうして戸石において、〈公害と教育〉の実践は、総合学習への回路となったのである。こうした経過をふまえて戸石は、「四日市からの報告とともに総合学習をあたらな教育課題としてクローズアップさせることになりました[51]」と指摘している。

戸石は、上述した実践の延長線上で、公害教育を核とした総合学習構想の体系化に取り組んでいった。すなわち、一九七〇年代の半ばから、戸石らが中心となって千葉高教組のなかに公害対策委員会が発足し、「公害学習の手引き」が作成される。手引きは、第一集「総論編」（一九七六年七月）、第二集「各論編　住民運動と調査」（一九七八年六月）、第三集「各論編　公害教育・学習の実践」（一九八二年一月）が断続的に刊行され、公害教育の指針を与えると同時に、これらの冊子そのものが公害教育の記録となっている。

その第一集において、戸石らは、公害教育の構造を体系化する。第一集に示された〈公害学習（「公害と教育」）の構造表〉には、「公害教育の内容（教育課程）」として各教科・教科外活動における「公害」の扱いの目標と学習事項の構想とが示されている。また、それらの内容を扱う〈方法（視点）〉として、①実践——生徒の自主的活動の重視、②地域の課題化、③総合性の配慮、という三点があわせて配慮されている。戸石は、こう語る。

「公害学習は単にあれこれの教科内で扱うことで事足りるというものではなく、教育全体にわたる領域と過程にかかわる総合学習でなければならない……。それは、各教科（特設時間を含む）での教材系に位置づけられた公害問題の教授―学習を基礎とし、さらに教科外活動としてのホームルーム、クラブ、生徒会、行事活動等の場での生徒集団の自主的活動を通じて、公害問題にかかわる知識・理解の定着総合と、問題解決の態度・能力の形成をはかるものである。したがって公害学習は、領域的には教科学習と教科外にわたり、機能的には陶冶と訓育両側面の、統一・総合であるといえる。[52]」

ここには、公害教育を核として独自の総合学習を構築していった戸石の総合学習論の特徴が示されている。こうして、火力反対を契機とした戸石の教育実践における質的転換は、公害教師の生誕であり、それは同時に「総合学習」の生誕を準備するものとなった。

4 「教育課程改革試案」における「総合学習」の構想

(1) 総合学習構想の登場とその内容

総合学習をめぐる胎動は、一九七〇年代に入り、次第に明確になる。時代が総合学習を要請したのである。その背景要因として、地球的問題群の登場、高度成長と地域社会の変貌、学園紛争の経験、教育の大衆化、系統学習の限界と個性重視への要請、教育課程改革の動き、等が重要である。当時、学習指導要領改訂に基づく新教育課程が実施段階を迎えていた。この教育課程改革と前後して、日本教職員組合（日教組）の委嘱による教育課程の対案づくりがすすめられ、その案のなかに「総合学習」が位置づけられたのである。

その経過を簡単に追ってみよう。一九七四年九月、多数の教育学者を結集して中央教育課程検討委員会（以下「課程委」と略記）が組織された。同委員会は約二年間にわたる審議をまとめ、「試案」を公表した。なお、この課程委は、それに先立つ中央教育制度検討委員会（一九七〇〜七四年、以下「制度委」と略記）の提言を受けて発足したものである。そして、「総合学習」については、制度委の答申のなかにすでに位置づけられていた。

この二つの委員会は、当時の中教審の議論に対抗して組織された。中教審は、その後いわゆる第三の教育改革案と称される四六答申を提出するが、これに対抗する制度委も最終報告書[53]を提出し、民間側からも対案が対置されたのである。

ところでこれらの対案は、学習指導要領における〈教科・特別活動・道徳〉の構成に対し、〈教科・総合学習・自治的諸活動〉の三つの柱を提起した。このうち、〈総合学習〉と〈自治的諸活動〉は従来の教育課程の枠組みを変えるものであり、注目に価するものであった。

制度委の最終報告によれば、総合学習は次のように提言されている。すなわち「個別的な教科学習や学校学習や学校内外の諸活動で獲得した知識や能力を総合して、可能なかぎり現実的問題についての追求や社会的行動に役立たせるような総合学習を展開する[54]」。また、総合学習のねらいとして、「試案」では、「個別的な教科の学習や、学級、学校内外の諸活動で獲得した知識や能力を総合して、地域や国民の現実的諸問題について、共同で学習し、その過程を通して、社会認識と自然認識の統一を

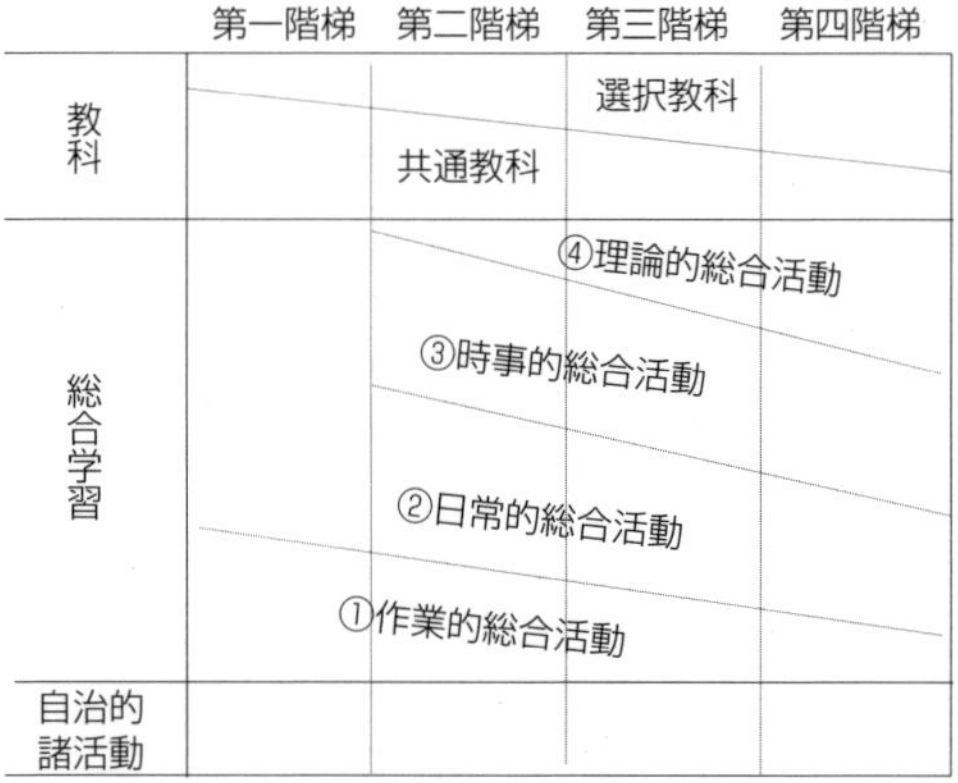

（『教育評論』1975年7月号，66頁をリライト）

図4－4　教育課程改革試案の構造

深め、認識と行動の不一致をなくし、主権者としての立場の自覚を深めることをめざすものである」[55]とされている。ここでは、知識や能力を総合して課題解決にあたること及び認識と行動を結び付けることが、二つの委員会報告において共通の理念として語られていた。

「試案」には総合学習の学習内容が、かなり具体的に例示されている。そこでは、総合学習の内容は、「未来の主権者になる子ども・青年の成長に不可欠な、国民生活上の諸問題」[56]が扱われるとして、次のような内容において例示されている。

〈問題の発生の場〉

① 作業的問題（学級・学校行事へのとりくみ）

② 日常的問題（学級学校内でおこった問題や家庭生活上の問題の究明）

③ 時事的問題（地域、さらに国民的・人類的諸課題の究明）

④ 理論的総合学習（科学上の発見、社会体制の転換期等の諸問題の究明）

〈学習すべき基本問題の内容〉

生命と健康に関わる問題、人権に関わる問題、生産と労働に関わる問題、文化の創造と余暇の活

用に関わる問題、平和と国際連帯に関わる問題、民族の独立に関わる問題
このうち、①～④に示された四種の総合学習は、図4-4のように傾斜的に展開されるのである。ただし、第一階梯（小学校低学年段階）においては、固定的な時間として総合学習はおかれていない。「試案」には総合学習の学習内容がかなり具体的に例示されていた。高校の場合について参照しよう。
「試案」によれば、第四階梯（高校段階）の総合学習は、次の四つのケースが想定されていた。第一は、教科として設定する場合であり、環境と人間、人間と性、医療と福祉等があげられている。第二は、選択教科を活用して展開する場合であり、都市問題研究、地域研究、憲法と政治、現代文化研究などがあげられ、卒業論文的な課題を与えることも考えられてよいとしている。第三は、「学活」に位置づけ展開する総合学習であり、この自治的諸活動の分野とのかかわりで展開されるものとしては「時事問題研究」があげられている。第四は、個人の任意によってすすめられる総合学習であり、卒業後の進路選択とかかわりをもつ研究が考えられるとしている。

(2)「教育課程改革試案」の可能性と課題

中央における「試案」の提起を受け、全国各地でその普及がすすめられた。実際、「試案」において構想された総合学習は、一定の地域や学校で実践された[57]。だが、「試案」による総合学習の提起は、全体としてみれば日本の教育を改革するほどのインパクトをもったとはいえない。そこで、「試案」のもつ可能性とともにその限界にも目配りをすることが必要となる。「試案」の評価すべき点として、

第一に教育課程全体を一体のものとして構想し、「総合学習」「自治的諸活動」という分野を新たに構想したことがあげられる。第二に階梯論というかたちで初等中等教育を貫く発達論的教育課程の構想を打ち出したことも貴重な貢献である。これらは、今後の総合学習の実践にあたっても参考とすべき点である。

だが同時に、「試案」は次のような限界を抱えていた。第一は、総合学習の教育課程上の位置づけを明確にできなかった点である。一方で、制度委から課程委にかけて総合学習の定義（①社会的諸問題のリアルな認識、②認識と生活を結合する生活実践）は変わらないのに、他方で、教育課程上の位置づけは揺れ続け、最終的には教科の枠に位置づけられた。「試案」では総合学習を教科に位置づけながら、同時に「学活」や個人の任意による総合学習を推奨していた。その点で厳密にいえば、理論上の不整合を免れないように思う。ここには、教科と領域の固有の意味を問い直し、総合学習をそれらとの関係でいかに位置づけるかという難問が存在する。この点は今後も最大の問題の一つとなることであろう。

第二は、カリキュラム開発の方法論が欠如していたことである。「試案」は、学習指導要領への対案を意識するものであり、学習指導要領を超える内容をつくりあげて自主編成運動の気運において普及するという運動論的な構えの強いものであった。各自治体に審議会をつくり「試案」を参考に地域に根ざした教育課程開発を主張していたが、具体化は困難であった。だが他方で、一九七四年のOECD／CERIのセミナーにおいてカリキュラム開発の「羅生門的アプローチ」が提起され、SBC

Dの機運が始まりつつあった[58]。同セミナーは東京において開催され、その後世界的にSBCDの潮流が拡大する契機となった。こうした動向が同時代に拡がっていたことを思えば、カリキュラムの開発過程を具体化することは不可能ではなかったようにも思う。その意味で「試案」の性格は、「中央の頭脳集団から全国に発せられた提案という性格[59]」を拭えなかったといわざるをえないであろう。

5 総合学習の史的遺産から学ぶ

以上、前半において田中裕一・戸石四郎という二人の教師のなかに総合学習が胚乳していく実践過程を分析した。また後半において、「試案」の成立とそのなかでの「総合学習」の内容について検討した。〈公害と教育〉を追究した田中たちの実践は、「試案」の構想に具体的な示唆を与えたものである。これらの試みは、いずれも四半世紀以上も前の出来事であり、今日実践段階に入っている総合学習の源流の一つをなすものである。

これらの先行実践や「試案」における総合学習構想は、次のような特徴を有する点において、参照に価するものである。

第一は、その課題意識の鮮明さである。公害や平和という当時の切実な社会的課題をとりあげ、その解決にむけた実践活動と連動した強い問題意識、こだわりの存在である。したがって、これらの実践においては、何のために何をとりあげるかの枠組みがしっかりと存在していた。

第二は、問題解決のための知の総合性が問い直されていった。戸石における住民学習会への参加や田中における社会的争点の教材化は、学問とそれに基づいた教育実践の「原形認識」（西岡昭夫）が問われる場となった。そこには、知識の所有者である教師が、その消費者である生徒に向けて商品としての教育知識を順序立てて供給するという構造はない。むしろ、社会的争点や住民のニーズに対応して、問題解決にどのように貢献できるのかがまっすぐに問われるのである。したがって、戸石の場合に典型的なように、住民の学習会における教師は、教える存在であるとともに、より多く問われる存在＝教えられる存在となるのである。分野ごとに細分化され秩序立てられた知識から問題解決の知へ、知識の所有者から知の探究者へ、分野をつなぎまた分野を超えた新たな問題解決の知への要請が総合学習という概念を必要としたのである。

第三に、教育実践の総合性が自覚されていった。環境保全に取り組む住民を対象とした地域での学習のなかから、教室の学習の課題や改革が逆照射された。ニーズに対応した学び、主体形成の学びという視点の確立である。そこでは、知識主義の教育や講義形式の授業の改革という課題が自覚され、社会の形成者を育成するという目的に即した自律的な学習が意図された。単なる知識の伝達でなく、課題の探究を意図した学びへの転換が方向付けられたのである。しかもそのための学習場面は、教科学習にとどまらず、自治活動やホームルーム活動等の教科外学習や修学旅行などの行事とも連動して、構成されているのである。

これらの視点は、今日の「総合的な学習の時間」の実践において忘却されつつあるもの、あるいは引き継ぐべきものが何であるかを考える際の参照基地となっている。いずれにしても、公害教育を起点として総合学習に到った田中や戸石の経験、さらに初めて「総合学習」を教育課程上に位置づけた「試案」の構想は、ともに今後の総合学習の具体化の際に絶えずふりかえってみる「合わせ鏡」の役割を果たすものとして、貴重な知的遺産なのである。

つや子の青春

小野つや子。一九歳。中国生まれの中国育ち。明るくひょうきん者のつや子が日本の本土を踏んだのは、一四歳の秋のことである。父親が中国残留孤児であり、家族ともども帰国することになったからである。つや子と妹は日本の学校に通うことになり、小学校五年に編入した。その後、父親の仕事の関係で県内を転々とし、N高校に入学してきたのである。

つや子は、教室でも職員室でも人気者だ。だが、そんなつや子にも、人にはわからない苦労が多い。「中国人」であるということから、いく度となくいじめられたこと。小学生の頃、日本語がわからないため先生の注意が理解できず、思い切りなぐられてしまったこと。さらに将来への不安も大きい。つや子には通訳になりたいという夢がある。その夢を実現するためには、並大抵の努力ではすまない。それらの苦難や不安をかかえて、しかしつや子は、いつも明るく素直である。

国語の授業で自伝を扱った際、担当の先生が、生徒全員に「生い立ちの記」を書かせたことがある。S先生の励ましに応えて、つや子は数十枚に及ぶ「自伝」を書き上げてきた。読む者の胸に、ずっしりとした重みを感じさせる力作であった。S先生は、その自伝をスピーチにして、NHK青年の主張コンクールに出場してみないかとつや子にすすめた。同級生や教職員の援助と激励のもと、つや子はスピーチの猛練習に励んだ。

スピーチの当日。興奮して顔を赤らめながら、しっかりした口調でスピーチを続けた。

私の弟や妹たちをみると、やはり日本語や日本の習慣で苦労しています。私の妹は定時制の高校に入学しましたが、登校拒否になってしまいました。私の一番下の弟は中国語があまり話せなくなっているので、父や母の言うことを私たちが通訳しなければならないときもあります。私たちはみんな「バカ」とか「中国に帰れ」といじめられたことがあります。残留孤児の子どもたちが日本に来ていじめられて、学校に行かなくなったり、日本語がよくわからないために進学できなかったりという話をよく聞きます。でも、私たちは、中国にいたときつらい思いをしてきたのです。私の父は日本人だということで、辛い思いをしてきたのです。すべては日本と中国の戦争が原因です。戦争は肉親を引き裂き、家族をバラバラにします。私は戦争を憎みます。

私は、「一人はみんなのために、みんなは一人のために」という言葉が好きです。中国語では、「人々居為我們、我們居為人々」と言います。だから私は将来通訳になって、日本と中国の架け橋になりたいと思っています。

つや子のスピーチは、運よく最優秀賞に輝き、千葉県の代表として関東甲信越大会への出場権をも同時に獲得した。

コンクールに出場してからのつや子は、以前よりもいっそうたくましく見える。たくさんの聴衆の前で堂々とスピーチしたことが、いろいろな面で自信になっているようである。自信は意欲を生み、意欲は将来への夢を育てる。つや子は今、自分の夢に橋をかけるため、大学進学をめざして学習にはげんでいる。そんなつや子も、もうじき二〇歳をむかえる。

（一九八五年）

注

（1）小金高校の総合学習の実践は、次の文献にまとめられている。前田徳弘他『小金高生シンガポールをゆく〜総合学習時代の修学旅行づくり』教育史料出版会、二〇〇三年。
（2）SBCDについては以下を参照のこと。鄭栄根「カリキュラム開発における教師の役割とその遂行過程に関する研究」筑波大学博士学位請求論文、一九九九年。
（3）学校改革と連動しつつ総合学習の先行実践に取り組んできた高校として、以下の事例が注目される。大阪府立松原高校（菊地栄治編『進化する高校　深化する学び』学事出版、二〇〇〇年）、福岡県立城南高校（中留武昭監修『生徒主体の進路学習　ドリカムプラン』学事出版、二〇〇二年）、熊本県立鹿本高校（『生徒の自分探しを扶ける「総合的な学習の時間」』学事出版、二〇〇三年）。
（4）文部省『高等学校学習指導要領解説　総則編』文部省、一九九九年、一三四〜一三六頁。
（5）斎藤ひろみ「自律的学習能力を養うために教師は何ができるか」『お茶の水女子大学言語文化研究会紀要』第一六号、一九九八年、一頁。
（6）岡崎敏雄「日本語教育における自律的学習」『広島大学日本語教育学科紀要』第二号、一九九二年、九〜一〇頁。
（7）文部省学校教育局『新制高等学校教科課程の解説』文部省、一九四九年、四頁。
（8）矢野裕俊『自律的学習の探求——高等学校教育の出発と回帰』晃洋書房、二〇〇〇年、二一四頁。
（9）「時事問題」を総合学習の観点から考察したものとしては以下を参照のこと。和井田清司「高校総合学習の継承と革新」山口満編著『現代カリキュラム研究』学文社、二〇〇一年、一二二〜一三六頁。

(10)「試案」と和光高校実践についての詳細は以下を参照のこと。和井田清司「高校総合学習のカリキュラム開発に関する一考察」日本公民教育学会『公民教育研究』第八号、二〇〇一年、九七〜一一二頁。

(11)これらの実践を分析したものとしては以下を参照のこと。和井田清司「高等学校における総合的学習の創造に向けた研究開発」国立教育政策研究所『文部省研究開発学校における研究開発の内容に関する分析的検討(2)』二〇〇一年、六五〜一三二頁。

(12)文部省解説書（高校総則編）を丁寧に読むと、「産業社会と人間」「課題研究」の実践の蓄積を高校総合学習において引き継いでいく姿勢が示されていることがわかる。

(13)松浦茂治「社会科時事問題の本質とあり方」『愛知学芸大学研究報告第二編人文科学』一九五三年、六〇頁。

(14)文部省「学習指導要領社会科編（I）（試案）」上田薫監修『社会科教育史資料1』東京法令、一九七四年、三九七頁。

(15)和井田清司「地方資料にみる『時事問題』受容の諸相」日本社会科教育学会『社会科教育研究』第七九号、一九九八年、四〇〜四七頁。

(16)千葉県教職員組合発行『総合学習を創る』一九七九年、全三八二頁。なお、同教組はかつての活動を振り返って「二〇年後の今日を予測したかのような理論が構築されています。……基本的なねらいに揺るぎはありません」としている（『私たちの学校教育改革』第Ⅳ集、二〇〇〇年、九頁）。

(17)和光の実践と「試案」との関係には強い相関がある。「試案」作成の委員会に和光学園関係者が多数参画し、「試案」に示された理論と和光学園の「実践」との協働関係のパイプが存在していた。

(18)森下一期編著『高校生の総合学習と学び』晩聲社、二〇〇〇年、四頁。

(19)森下一期校長より聞き取り調査を行った際、発言をいただいた（二〇〇〇年六月一二日、和光高校にて）。

(20)梅根悟・丸木政臣・海老原治善編『総合学習の探究』勁草書房、一九七七年、二九頁。

(21) 山口満「総合学習の理論と背景」山口満・谷川彰英編著『趣味を生かした総合的学習』協同出版、一九九九年、一七〜一八頁。

(22) デューイ（Dewey, J.）によると、教育には直接的な教育作用と間接的な教育作用とがある。前者は教え込むこと・詰め込むこと、後者は学習環境との相互作用を仕組むことである。そして、「伝達しようとする所信を金槌で叩き込むわけにはゆかない。必要な態度を白亜のように塗りつけることはできない」（デューイ著、帆足理一郎訳『民主主義と教育』春秋社、一九五九年、一三頁）という例えを引き、後者こそ本来の教育であると主張する。かかる主張を参照すると、自律的学習の実現に向けて学習環境との相互作用を仕組むことが教師の役割として重要となる。

(23) 前節で述べたように、戦後の総合学習には「三つの波」がある。本節では、その第二の波にあたる一九七〇年代の実践を取り上げて検討することとする。

(24) 新聞報道によれば、中教審部会は学習指導要領の見直しを求める構えであり、その一つとして「総合的な学習の時間」の充実が指摘され、その根拠として「目標や内容が明確でなく検証や評価が不十分だったり、教員の適切な指導がなかったりするため効果が上がっていない取組みもある」とされる（朝日新聞、二〇〇三年八月五日）。実際、第2章第1節で述べたように、指導要領の一部改訂により、総合学習へのコントロールが強められた。

(25) 梅根悟・海老原治善・丸木政臣編『総合学習の探究』勁草書房、一九七七年。

(26) 田中実践に関する先行研究としては以下のものがある。貞平一紀「水俣病授業の研究——田中裕一実践をもとに」（鹿児島大学教育学部二〇〇二年度卒業論文）。小論執筆の資料としては、田中の公刊された著書・論文、貞平論文（ただし、田中自身の手によって訂正が施されたコピー）、田中へのインタビュー（二〇〇三年三月二七日、熊本市内にて）田中より筆者あての手紙等を活用した。

(27) 田中裕一「環境教育の構造と展望」『熊本大学教養部紀要人文社会科学編』第三〇号、一九九五年、一〇六頁。

(28)同上、一〇七頁。
(29)同上、一〇七頁。
(30)田中裕一『石の叫ぶとき――環境・教育・人間　その原点からの問い』未来を創る会、一九九〇年、六八頁による。
(31)水俣教組に「ふられた」のち、水俣病の授業実践を一九六三年頃から構想し、「代理」として実践したとのことであった(インタビュー、二〇〇三年三月二七日)。
(32)同上、インタビュー(二〇〇三年三月二七日)。
(33)田中裕一「環境教育の構造と展望」前掲、一〇五頁。
(34)同上、一〇七頁。
(35)田中裕一『石の叫ぶとき』前掲、一三頁。
(36)田中裕一「環境教育の構造と展望」前掲、一〇七頁。
(37)同上、一〇七頁。
(38)同上、一〇五頁。
(39)同上、一〇四頁。
(40)田中裕一『石の叫ぶとき』前掲、二一五頁。
(41)この項の叙述は、公刊された資料に加え、戸石へのインタビュー(二〇〇二年一一月一七日、二〇〇三年二月一六日)、およびその際にお借りした一次資料に基づいている。なお、この項の部分に関する詳細は以下を参照のこと。和井田清司「戦後総合学習の源流――戸石四郎における総合学習概念の形成過程」『武蔵大学人文学会雑誌』第三五巻第一号、二〇〇三年、一七~五一頁。
(42)戸石四郎『地球時代と環境教育』光陽出版社、一九九〇年、四頁。
(43)宮本憲一『地域開発はこれでよいか』岩波新書、一九七六年。

(44)戸石四郎『ふるさとを守り抜いた人々』崙書房、一九七八年、三三頁。
(45)同上、九二頁。
(46)前掲『地球時代と環境教育』八〇～八二頁。
(47)井下田猛・戸石四郎・中野芳彦「東京電力銚子火力発電所誘致阻止のたたかいと科学・教育」国民教育研究所編『教育権と国民教育運動』鳩の森書房、一九七一年、二三二頁。
(48)前掲『地球時代と環境教育』六一頁。
(49)同上、六一～六二頁。
(50)同上、六二～六三頁。
(51)戸石千葉県高教組教研集会報告レジュメ「総合学習と環境教育」(二〇〇二年一二月七日)による。
(52)戸石四郎『地球時代と環境教育』前掲、五三頁。
(53)教育制度検討委員会・梅根悟編『日本の教育改革を求めて』勁草書房、一九七四年。
(54)同上、一二五頁。
(55)中央教育課程検討委員会報告『教育課程改革試案』一ツ橋書房、一九七六年、二四三頁。
(56)日本教職員組合『教育課程改革試案——一問一答集』日本教職員組合、一九七六年、五九頁。
(57)「試案」の小中学校への影響については、千葉の事例がある(『総合学習を創る』千葉県教職員組合発行、一九七九年、全三八二頁)。『総合学習を創る』の目次をみると、「私たちの考える教育課程」(一章)「総合学習の構想」(二章)の理論編を受け、「総合学習の実践」(三章)として、第一階梯(小学校低学年:三本の実践)、第二階梯(小学校高学年:七本の実践)、第三階梯(中学校:六本の実践)が紹介されている。
(58)同セミナーの成果は、以下の文献において紹介されている。文部省『カリキュラム開発の課題——カリキュラム開発に関する国際セミナー報告書』一九七五年。
(59)梅原利夫編『カリキュラムをつくりかえる』国土社、一九九五年、四五頁。

第5章　社会認識教育の再構築

第1節　揺れる社会科教育

社会科教育(1)が揺れている。一方で、「総合的な学習の時間」が創設され、社会科教育と総合学習の関連が問われている。他方で、知識主義社会科という伝統からの脱却が課題となってきたが、その確たる原理と方法が定置されているとはいえない。さらに根底的な問いとして、二一世紀のドラスティックな社会状況に対応する社会科教育カリキュラムの在り方の問題がある。こうして、新しい時代状況のもとで、社会科教育の在り方があらためて問い直されている。そこで、社会科教育をめぐる現局面の課題を明確にするために、いくつかの側面から焦点化してみよう。

第一は、社会科教育の歴史からの示唆である。創設期の社会科を「初期社会科」と呼ぶが、当時、社会科教育は戦後教育の花形であり、当代の代表的な教育学者が熱い思いをもって社会科教育の育成に情熱を傾けた。創設期における社会科教育の理論と実践に貢献した教育学者の名の一端をあげれば、勝田守一・馬場四郎・上田薫・梅根悟・重松鷹泰・海後勝雄らのごとくである。文化的で平和的で民主主義的な社会の形成者を育てる理念のもと、社会科教育への期待が大きかったことが理解できよう。

だが、戦後の「逆コース」にみられる復古的国家主義や高度経済成長を展望した産業主義の潮流に促され、一九五八年版学習指導要領の成立を契機に、やがて知識主義の社会科が制度化されるに至る。そのため、批判的で活動的な社会科の授業は、次第に教育知識の詰め込みと一斉画一授業の大勢のなかに沈没しはじめる。

一九七〇年代以降、教育の人間化の潮流に促されて社会科教育の再生がはかられ、「生活科」の誕生や「現代社会」のような総合科目が誕生する。だが、知識主義の伝統は教育の古層として残存し、やがて対極に総合学習の誕生をみることとなる。こうして現在、社会科教育は、総合学習との関連を含めて、新たな役割が期待されている。そのなかで、半世紀を越える社会科教育実践の遺産から、どのような示唆を汲み取るかが問われているのである。

第二は、二一世紀社会の展望からの再考である。佐藤学の指摘によれば、二一世紀社会は、グローバリゼーション、情報革命、ポスト産業主義、多様なメディアによる生涯学習社会、国民国家・国民経済・国民教育のゆらぎ、階級・階層・民族・宗教・性・世代による文化的・政治的な葛藤、人口・環境・世界戦争等の危機的な状況に直面せざるをえない[2]。そのいくつかは、イラク戦争の悪夢によって示されたかの観がある。そして、これらの危機的状況のどれをとってみても、社会科教育カリキュラムの再考を要請する要因となる。

第三は、子どもの声（voice）に対する繊細な配慮の必要性である。子どもの権利条約の理念の定着とともに、一九九〇年代において次世代型の教育実践が生まれはじめている。その特質は、教師による児童・生徒への伝達と啓蒙を主とした実践から、児童・生徒の参加や提案を主とした実践への進化がはかられたという点に求められる。学校参加や学習参加の配慮と連動した社会科教育の内実を探究する課題に直面しているといえる。

第四は、社会科教師の力量形成の課題であり、その初発段階における教師養成教育の課題である。ただ、教師の力量形成において、養成段階だけを取り上げることには限界がある。職能発達は養成-採用-研修という全過程の連携において構想することが必要である。すなわち第一に、養成段階における教育学・教科専門の理論と実践、教職への意欲と一定の技能の啓発、フレンドシップ・観察実習・教壇実習等の体験学習重視などである。第二に、採用段階におけるリクルート戦略である。高知県では、「土佐の教育改革」の一環として、教員採用制度の見直しに取り組んでいる。養成段階の成果とリンクするとともに、改革をリードする担い手をリクルートする工夫が必要となる。第三に、研修段階における官製研修と自主研修、大学院研修制度やPDS（職能開発学校）[3]の充実などである。だが、研修においては、制度や機会が拡大しても、教員の内発的なニーズに根ざさない研修は実りが少ない。その意味では、職場に根ざし、授業研究に結びつく研修を通した、「反省的実践」の力量開発が重要となる。そうした全過程を見通したうえで大学教育における教員養成教育の独自性と特質を明確にすることが必要である。教育職員養成審議会の議論によれば、得意分野をもち、カリキュラム開発力や実践的指導力をもつ教員が求められるという。こうして、未来の社会科教育の改革を担い推進する主体として、社会（公民）科教師養成の課題が浮上する。

以下本章では、第2節で筆者の授業実践の軌跡をふりかえり、第3節で社会科教育の初心を確認し、第4節で生徒の声（voice）を傾聴し、第五節で教師養成の課題について考察する。

第2節　社会科の授業づくり──「三つの学び」の授業デザイン

高校での社会（公民）科実践の個人史を振り返ると、いくつかの転換点を指摘できる。知識伝達型一斉授業方式で社会的矛盾の結節点を教材化することに腐心した前半は、生徒から「青い授業」（第1章コラム欄参照）と受け止められた。その後、教師の想いを刷り込む授業から生徒の自律的学習を促進する授業へと次第にシフトさせていった。ディベート学習や個別化・個性化教育の方法を導入し、生徒が探究する授業の構築にむけて試行錯誤を繰り返したように思う。

換言すれば、生徒の実態やニーズの分析をもとに「意味のある時間と空間」として授業を設計する試みに取り組んだのであった。その到達点が、〈①ポイント学習、②ディベート学習、③自由研究〉という「三つの学び」の授業デザインであった。以上の経験を整理すると、次の三つの時期区分が可能である。

1　伝達型授業の時代（「青い授業」の時代）──一九七〇年代後半～八〇年代

この時期の授業は、学習指導要領や教科書にみられる仕組みや建前をなぞるような内容に不満を感じ、社会的矛盾の結節点を教材化（「自主」編成）して講義する方法を中心に構成した。その他に、サブとして、生徒の研究的学習を設定（「政党研究」、「討議の時間」、「論文執筆」等）し、指導してきた。授業者である私は、生徒の情感を刺激する教材をあさり、この時間はこれをぶつけようという意欲をもって教室に臨んだ。一斉授業には、それなりの緊張感と張りのある充実した身体の構えが必要であり、またそれが快感でもあった。例えば、現代日本社会の抱える矛盾の結節点の一つとして日米安保条約を取り上げ、そのエピソードとして横浜ファントム墜落事件を扱っていたときのことである。「ハトポッポ」の歌を口ずさみながら息絶えていった幼児のエピソードを話していると、前列の女子高校生の目に涙がにじんでいたことがある。まっすぐに受け止めてくれる生徒たちが少なくなかったのである。

だが、次第にそのような授業の在り方を自省するようになっていった。公的空間としての硬質の教室で、均質に流れる時間。日常性とは峻別された世界としての授業。そして、授業から「解放」された瞬間の生徒たちの「安らかな」顔。どこか無理があるように感じてきたのである。ある時、クラスノートに記された「青い授業」というネーミングに生徒側の受け止め方に内在する距離感を感じ、同時に卒業生が久しぶりに訪ねてきて語る事柄の多くが、講義ではなく研究的学習の経験であることに気がついた。私の意図とは別に、生徒たちの経験されたカリキュラムにおいては、講義より探究的学習の方が、生徒たちにはるかに深い印象を与えているのである。「為すことによって学ぶ」とは経験主義教育の要諦であるが、私の足元でも同様な原理が働いていたのであった。

2 探究型授業への移行期（ディベート学習の実践）――一九八〇年代末〜九五年頃

この時期は、生徒のアクティブな学習の機会をつくろうと考えディベート学習に取り組んだ。通常、日本においては、「ディベート甲子園」に典型的なように、競技型ディベートをベースにして教室ディベートが実践されている。だが、社会科教育におけるディベートでは、社会認識の深化をめざして、競技型とは別のフォーマットが開発されるべきである。そこで、準備過程・論争過程・反省過程を統合し、審査生徒の審査活動を核とした集団学習として、「探究型ディベート学習」を構想し、実践したのであった。

具体的には、邪馬台国の位置・「鎖国」の評価・日露戦争の性格・天皇の戦争責任・軍需産業の経済効果（以上「日本史」「世界史」）、死刑制度・教科書検定制度・日米安保条約・外国人労働者・コメ輸入自由化・原発・ODA（政府開発援助）・消費税（以上「政治経済」）等のテーマ（論題）を取り上げて実践した。これらのテーマは、政策上・学問上の難問であり、かつ複雑な諸要因が絡まり判断が困難な問題であるが、高校生たちは事前準備をふまえて、なかなか見事な議論を展開したのである。そうした姿に接し、高校生たちのもつ新しい学びへのニーズを感じたものである。また、ディベートを実践している過程で、ディベートの授業においては、学習内容を生徒たちが構成していることを発見し、ディベートのもつ学習環境としての特性や構造を理解したのである。

3 探究型授業の実践期（「三つの学び」の授業デザイン）――一九九五～二〇〇〇年

ディベート学習の導入を契機として、生徒が探究する授業への通路が開かれたといっても、論題はあくまで教師側が設定し教科の内容とタイアップしたものであり、学習形態においても、ディベート学習を含めて一斉集団学習のスタイルであった。その限界を感じて、四つのコース（教科書マスター・文献読解・小論文執筆・自由研究）を設定し、コース選択学習を試みた。ただ、教師一人で八クラス三二〇人のコース選択学習を指導することは物理的に困難であること、さらに生徒の選択肢がより安易な方向に流れることなどから、選択学習の内容を自由研究に一本化することにした。こうして、年間の学習計画を、図5-1のように①ポイント学習（教科内容のエッセンスを教える）、②ディベートで学ぶ現代の社会（当面する社会的論争問題についてディベートを通して学ぶ）、③自由研究（自分のこだわりをもったテーマについて研究し作品化する）、という「三つの学び」としてデザインしたのである。さらに、五〇分の授業を連続で組み、週一回一〇〇分授業とし、ディベート学習・調べ学習・パソコン実習などの作業的学習が効果的に展開できるようにした。

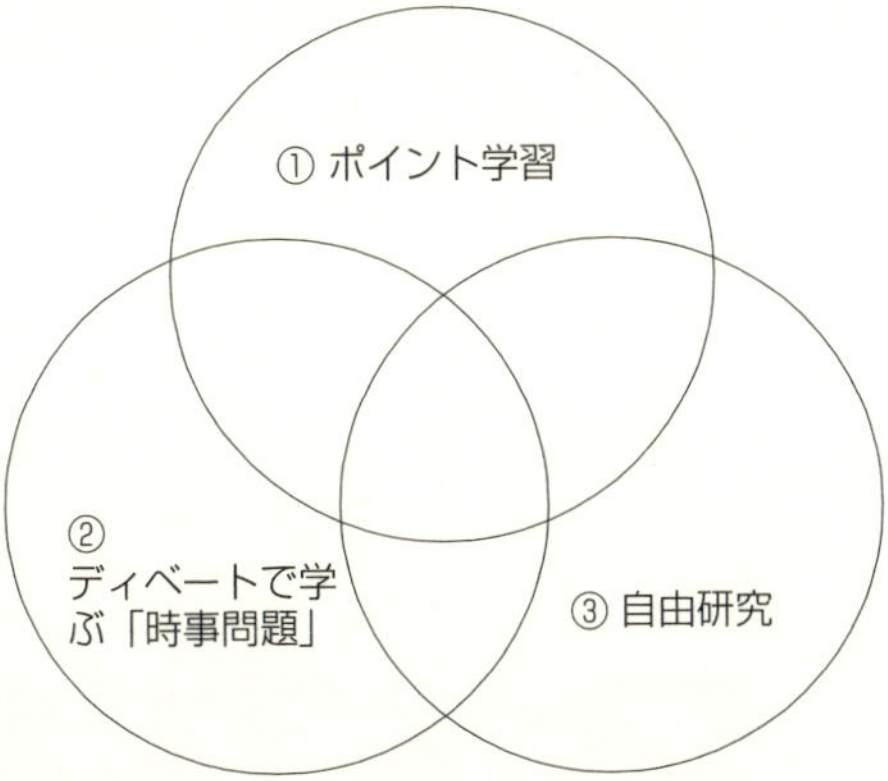

図5-1 「3つの学び」の授業デザイン

ここでは、伝達学習（①）、課題学習（②）、自律的学習（③）のそれぞれが、図5-1のような関連をもってデザインされる。

第一のポイント学習は、クラス単位の一斉授業である。政治分野と経済分野の要点をモジュールにして扱い、主な項目についてOHPのシートを活用して解説する。例えば、次のような項目である。

【政治分野】

①政治とは　②民主主義の歴史　③日本国憲法の全体像　④日本国憲法制定秘話　⑤人権の種類と内容　⑥平和主義　⑦安保条約の歴史と内容　⑧国連

【経済分野】

①数字で語る日本経済の姿　②日本モデルの明暗　③三大経済学者　④価格機構　⑤信用創造のマジック　⑥経済成長とは　⑦乗数の不思議　⑧円相場とその影響　⑨比較生産費説と貿易

第二のディベート学習は、グループ学習と一斉集団学習の組み合わせである。

第3章でくわしく述べたが、このディベート学習では、準備過程におけるリサーチ指導、論争過程における原則をふまえた柔軟な方法の開発、反省過程における生徒個人の意見形成指導等が重要である。ディベート学習を効果的に実践するには、生徒がさまざまな形で、論題に示されたテーマに対して探究する仕組みを用意することが必要なのである。

第三の自由研究は、個別学習である。自分の取り組みたいテーマを選択し、作品を完成させるものであり、「ひとり学び」の手法を身につけることをねらいとした。受験を控えた高校生だが、力作に取り組んでくれた。ある川の流域をフィールドワークしその汚染状況と市役所の対策を調査した研究、M市にある「二一世紀の森」のホームページを自作した生徒、絵本を制作した生徒等いずれも力作であった。また、進路選択とからめて自分の希望する学問分野の研究に取り組む生徒や職業選択を意識して「看護師」等について調査する生徒も現れた。ある生徒は、「好きなことだからどんなにやっても苦にならない」と語ってくれた。

以上のように、授業全体をポイント学習・ディベート学習・自由研究という三つの学びによって構成し、教えることと学ぶこととを結びつけたいと願ったのである。

こうした授業改革に際して最も重要なことは、授業観のとらえ直しである。あらかじめ決められた内容やテキスト（教科書）をこなす場が授業（あるいは学校）というステレオタイプのとらえ方から自由になり、授業や学校を、「生徒にとって意味のある時間と空間」「生徒の試行錯誤を支援する場」という面から再定義することが大事である。教育改革や授業改革は、教師の意識改革から出発するように感じている。

第3節　戦後社会科の初心と変容

1　社会科の生誕

敗戦の焦土のなかから、一九四七年、社会認識を育てる教科として社会科は生誕した。戦前のように国家目的のためにゆがんだ知識や徳目を刷り込むことでなく、民主的社会人を育成するために社会を認識させること。社会科の掲げたこの目標は、歴史上画期的なことであった。

当時、侵略と専制への反省のなかから平和・民主主義・文化国家建設という新しい社会をめざす胎動が始まっていた。未来の社会を担う子どもたちを育成することが教育の役割である。社会科は、民主社会をになう主体を育成するねらいをもって登場した。社会が教育に求めていたのは、自分の頭で考え行動する科学的精神であり、社会科はその中心となるべき教科だったのである。

こうした理念のもとに誕生した社会科は、社会の現実への生き生きとした学習を展開する教科として機能した。当時の社会科の授業を、ある人は、こう回顧する。

「中学校時代の社会科を思い浮かべてみると、何か学校生活のすべての楽しさがそこにあったように思う。社会科の中身については、どうもさだかに思い出すことはできないが、農村に行ってみたり、キャラメル工場に行ってみたり、町役場や漁師町を調べたりお互いが調べたことを発表しあったりした」(4)。

だがその後、社会科（高校の地歴科・公民科を含む）のイメージは、暗記科目という印象が強くなる。前の発言に続けてその人は、「……わが家の子どもを見ていると、教科書を暗記するばかりだ。社会科というのは聞いても聞いていなくてもいいんだよ。参考書を見ればテストの時役に立つ。先生だって社会科は苦労しているよ、と子どもは言う」と紹介し、「……社会科がある日は心楽しかったというような社会科に返ってほしい」と結んでいる。誕生後の社会科はいかなる変質を遂げ、どのような問題を抱えているのだろうか。

社会科の原点を考えるためにも、成立時の社会科の基本的性格を確かめておきたい。当時の学習指導要領には、こうある。

「今度新しく設けられた社会科の任務は、青少年に社会生活を理解させ、その進展に力を致す態度や能力を養成することである。そして、そのために青少年の社会的経験を、今までよりも、もっと豊かにもっと深いものに発展させて行こうとすることが大切なのである」(「学習指導要領社会科編Ⅰ(試案)」一九四七年五月五日)。

「教師が独りよがりにしゃべりたてればそれでよろしいと考えたり、教師が教えさえすればそれが指導だと考えるような、教師中心の考え方は、この際すっかり捨ててしまわなければならない」(「学習指導要領一般編(試案)」一九四七年三月二〇日)。

「児童や青年は、まず、自分で自らの目的をもって、そのやり口を計画し、それによって学習をみずからの力で進め、更に、その努力の結果を自分で反省してみるような、実際の経験を持たなくてはならない。だから、ほんとうの知識、ほんとうの技能は、児童や青年が自分でたてた目的を満足させようとする活動からでなければ、出来てこないということを知って、そこから指導法を工夫しなければならないのである」(同上)。

こうした指摘のなかに、児童の経験を豊かにすることを通して、認識力と実践力を統一的に身につけさせ、民主的な社会人を育成しようとする姿勢を看取することができる。経験によってほんとうの知識や態度が身につくのであり、その方法として科学的思考方法である問題解決学習が重視された。そして、このようなとらえ方は、従来の教育観を大きく転換するものにほかならなかった。

社会科の英語表現は「Social Studies」である。この言葉には「社会研究」という意味が含まれている。社会科教育の基本的性格としては、社会の現状を科学的に研究し、平和的・文化的な社会をつくり、のばしていくという視点が重視されていた。端的にいえば、科学的な社会認識を土台にして平和的・文化的な社会建設を担う民主的市民の育成がめざされていたのである。

2 高校初期社会科の教科構造

高校社会科の場合について、少し触れよう。高校社会科は、新制高校の発足と同時にスタートした。当時は、いわゆる新教育の時代であった。コア・カリキュラムという言葉があるが、初発における社会科は新教育の中核(core)を担う教科として位置づけられた。日本を占領したアメリカの後押しも受けて、知識の教授よりも学習経験を重視する教育課程が制度化されたのである。

ところで、一九四七年版・一九五一年版の学習指導要領に具体化された高校社会科の目標・内容・

方法の総体を、高校初期社会科[5]と定義しよう。高校初期社会科は、文字通り社会科教育実践の原点であり、今日からみて、そこにはさまざまな可能性が秘められていた。今日の社会科（公民科）のもつ位相を見定めるためには、歴史からの逆照射の光を当ててみることが有効である。

高校初期社会科の教育課程は、一年次必修「一般社会」五単位の上に、四つの選択科目（いずれも五単位）を位置づける構造であった。「西洋史」「東洋史」（後にこの二つは「日本史」「世界史」に編成替えされる）「人文地理」「時事問題」である。なお、「一般社会」は小学校段階からの継続科目であり、高校一年は一〇学年と位置づけられた。高校社会科の科目編成は、「一般社会」で今までの学習をまとめつつ、高校二年以降の分化科目につなぐという構造だったのである。

こうした科目配置は、「現代社会」（学習指導要領　一九七七年版）登場時の社会科のカリキュラムの構造と同じである。「現代社会」において、高校初期社会科の理念の復活がはかられたと考えることができる。また、初期社会科の時代に、小中学校で「自由研究」という時間が設けられていたことにも注目したい。生徒主体の学びの原理が、そこにも象徴的に現れていたのである。

「時事問題」の登場と衰退　「時事問題」の教材について、一九四七年版学習指導要領は、こう述べている。「時事問題の学習には教科書を用いない。その教材はおもに新聞や雑誌やラジオ放送やその他情報を提供するものから引き出される」。また、学習方法については、「その学習の仕方は生徒の調査・研究・討議を通じて、教師の指導のもとに進められる」と指摘している。評価についても、「教師と生徒とで掲げた目標に即して判定を行うこと……。生徒が社会において重要な問題に対してこれに関心を持ち責任感を示すようになったか……。生徒は問題解決のために多くの情報や資料を集めてその上で複雑な事情を分析する態度を発展させただろうか……。生徒の討議の仕方の進歩……」などの表現がならんでいる。こうした指摘からみると、「時事問題」の学習理念としては、従来の教科書による教え込みの教育とは異なり、生徒側の学びの経験を組織し、その体験を発展させることで公民的資質を育成しようとする配慮が感じられる。

新科目「時事問題」は、教育現場にさまざまな波紋を投げかけた。教科書を用いず、現実に生起する社会事象から教材を選択するという方法が推奨されたことから、多様な実践を生む可能性が拓かれていた。

「時事問題」を積極的にうけとめた実践として、教科書問題を取り上げた千葉三高（現千葉東高）のモデル授業[6]や東京を中心とした新聞学習の実践[7]が注目される。特に後者は、第2章第3節で紹介したように、全国新聞教育研究会を組織し、社会科教育全国協議会（社全協）との共催で活発な新聞学習の実践を展開していた。

さらに岐阜県における「時事問題」の研究と実践は、その先見性・組織性において、特筆に値する。[8]岐阜においては、岐阜県教育研究所の遠藤秀夫所員が中心となって、一九四九年に「新教育運動の意義と社会科時事問題について」という研究紀要を公表している。これは、岐阜県立加納高校での実験授業をふまえて、「時事問題」の意義と実践プランを提案したものである。全体としては稀な取り組みだが、こうした典型実践を今後も発掘・紹介してゆきたい。

しかし、「時事問題」の扱いは、科目成立直後から急変する。ほどなく「時事問題」の基本単元が文部省から示され、その後、教科書もつくられた。一方、「時事問題」の学習指導要領は予告されながらもついに作成されず、「時事問題」そのものも科目としては消滅してしまうのである。こうして単元が明示され、教科書ができてしまうと、「時事問題」の本来の特色は消滅する。「一般社会」の二番煎じになりかねないからである。事実、「時事問題」の教科書や参考書は、学習内容や知識についての系統的な叙述に終始し、当初、「時事問題」がもっていた学びを組織するという息吹は感じられなくなった。こうした動向は、「時事問題」陳腐化の傾向を示している。

ところで、文部行政をして単元明示や教科書作成に走らせた一因は、教育現場の教師側の強い要望にあった。端的にいって、多くの教師たちは、伝達志向の啓蒙的授業観の呪縛から抜けきれず、学びを組織する方法論をもちえなかった。このことが、「時事問題」の消滅を現場において推進した主体の側の一要因となった。そして、「時事問題」の消滅こそ、初期社会科の理念の喪失にほかならなかったのである。

3 社会科教育の転換

初期社会科の時代に代わって、一九五〇年代の後半頃から系統学習の時代がやってきた。学習指導要領から「試案」の文字が消え、逆に官報告示されることになって法的拘束力が強められた。さらに小中学校で「道徳」の時間が始まった。こうした動きには国家主義的な傾向が反映している。一方、

学年	名称	特質	
高1-3	地歴科・公民科	科目別教科	
中1-3	社会科（３年間）	分野別教科	7年体系の社会科
小3-6	社会科（４年間）	広領域教科	7年体系の社会科
小1-2	生活科	未分化教科	

図５−２　社会科の教科構造

教科・科目は次第に細分化され、学習内容も増大した。これらは産業主義の流れに組みするものである。こうした変化は、敗戦と占領のくびきから脱し、アメリカ主導の政治的軍事的枠組みのなかで高度経済成長への道を模索していた時代状況に対応している。

その後、一九七〇年代の後半に系統学習・知識主義の傾向に対する反省が生まれるまで、社会科教育を含めて、知識伝達型の授業や知識記憶−再生型の学習が支配的だったといえる。社会科教育は初期社会科の時代の輝きを失って、形式化の度を深めていった。

七年体系の社会科　今日の段階で、社会系諸教科の系列を整理すると図5−2のようになる。多少のコメントを加えよう。

まず第一に、小学校低学年では、生活科のなかに社会とのかかわりがある。生活科の目標には、「自分と身近な人々、社会及び自然とのかかわりに関心をもち」という一節があり、具体的な活動や体験をとおして、生活自立の基礎を養う教科として位置づけられる。

第二に、小学校中・高学年では、広領域な性格の社会科学習が位置づけられている。「社会生活についての理解を図り」と目標が示しているように、生活の視点から地域社会・日本の産業や政治・経済・歴史などが取り上げられている。

第三に、中学校では、地理・歴史・公民という分野別に整理された社会科学習が展開される。中学では「広い視野に立って、社会に対する関心を高め」と目標にあるように、社会の時間的・空間的認識の基礎を学習対象としている。

第四に、高等学校では、地理歴史科・公民科のなかに地理・日本史・世界史・現代社会・倫理・政治経済の各科目が位置づけられている。地歴科は「我が国及び世界の形成の歴史的過程と生活・文化の地域的特色についての理解と認識を深め」、公民科は「広い視野に立って、現代の社会について理解を深めさせるとともに、人間としての在り方生き方についての自覚を育て」る、とそれぞれの目標に示されている。

しかし、これらのなかで、社会科と銘打っているのは小学校中高学年と中学校段階だけである。両者を併せて七年間の学習となるので「七年体系の社会科」(本多公栄)と指摘されている。

4 社会認識教育の新展開を

戦後高校社会科の変遷は、表5-1のようである。そして、厳密にいえば現在、高校に社会科という教科は存在しない。一九八九年に「解体」(再編成)され、地理歴史科と公民科となってしまったからである。高校社会科「解体」(再編成)の推進力の一つは、歴史科目独立の動きであった。特に、国際理解の必要性から「世界史」が重視され、学校現場や教育課程審議会の協力者会議の主要なメンバーの反対を押し切っての解体劇であった。「アッという間の社会科解体」ともいわれた。政治的圧力のなせるワザといえる。だが、あらためて考えてみると、現実の社会を認識するためには、時間

表5－1　高校社会科の変遷

時代区分	学習指導要領改訂年	科目構造
第1期 （高校）初期社会科	1947.4　教科課程通知 1951.7　改訂	高校 3・2：日本史　世界史　人文地理　時事問題 1：一般社会科
第2期 知識（系統）主義の社会科	1955.12　改訂 （1956.4より学年進行で実施）	高校 3・2・1：社会　日本史　世界史　人文地理
	1960.10　改訂 （1963.4より学年進行で実施） 1970.10 （1973.4より学年進行で実施）	高校 3・2・1：倫理・社会　政治・経済　日本史　世界史A　世界史B　地理A　地理B
第3期 再興期の社会科	1978.8　改訂 （1982.4より学年進行で実施）	高校 3・2：日本史　世界史　地理　倫理　政治・経済 1：現代社会
第4期 解体期の社会科	1989.3　改訂 （1994.4より学年進行で実施）	高校 3・2・1：地理歴史科（世界史A　世界史B　日本史A　日本史B　地理A　地理B）　公民科（現代社会　倫理　政治・経済）
第5期 総合学習時代の社会科	1999.3　改訂 （2003.4より学年進行で実施）	高校 3・2・1：地理歴史科（世界史A　世界史B　日本史A　日本史B　地理A　地理B）　公民科（現代社会　倫理　政治・経済）　総合的な学習の時間

的・空間的な視野が不可欠である。それらは歴史的・地理的なアプローチである。「今ここにある現実」を確かに認識するには、そのような時間軸・空間軸が大事となる。そのような面から考えると、高校の社会科が公民科・地歴科に二分されたことは妥当とはいえない。むしろ、社会科というフレームを保持したなかで歴史的・地理的アプローチを組み入れた総合的な社会認識を育成することが求められるのである。

第4節　カリキュラム・アカウンタビリティ

本章第1節において、子どもの声（voice）に対する繊細な配慮の必要性を指摘した。そこで本節では、筆者らの実施したアンケートを参照しながら社会（公民）科の改革方向について考えてみよう。アンケート調査は、「転換期における市民意識形成に関する総合的調査研究――高校生の政治意識の実態調査と社会認識形成の方途を中心に」という主題のプロジェクト研究として実施したものである[9]。アンケート調査データから読み取れるところでは、次の諸点が特徴的である。

第一に、学ぼうとしなくなった高校生の存在である。図5-3にあるように、六三％の高校生が、家庭での学習時間が三〇分以内にとどまっている。この傾向は性別では女子に、校種別[10]では多様校・中位校に顕著である。こうした「学びからの逃走」にどう対応するかが問われているといえる。また、社会系諸科目への〈選好度／忌避度〉をみると、その指数は多様校（〇・五六）、中位校（〇・七二）、

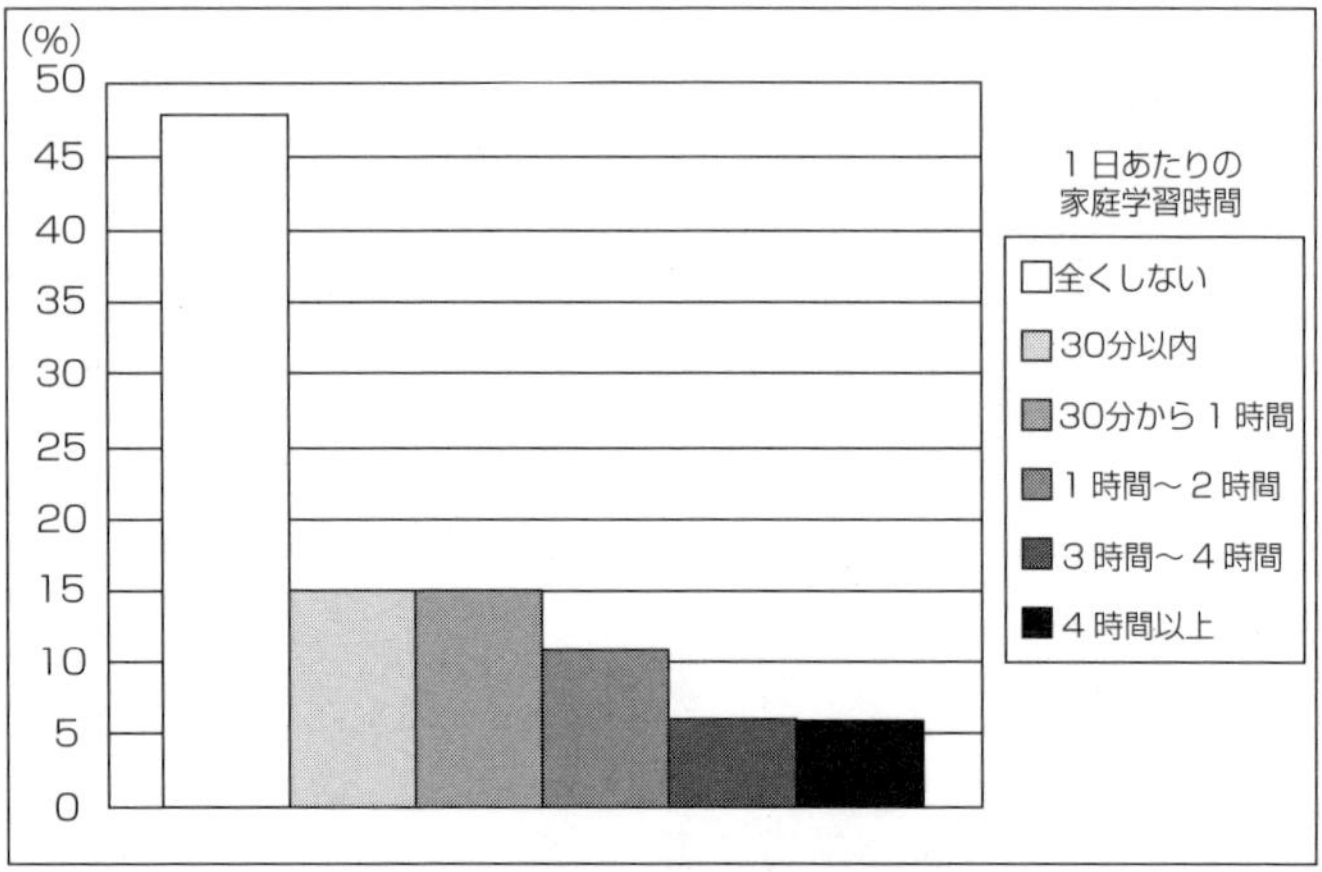

図5－3　進行する「学びからの逃走」

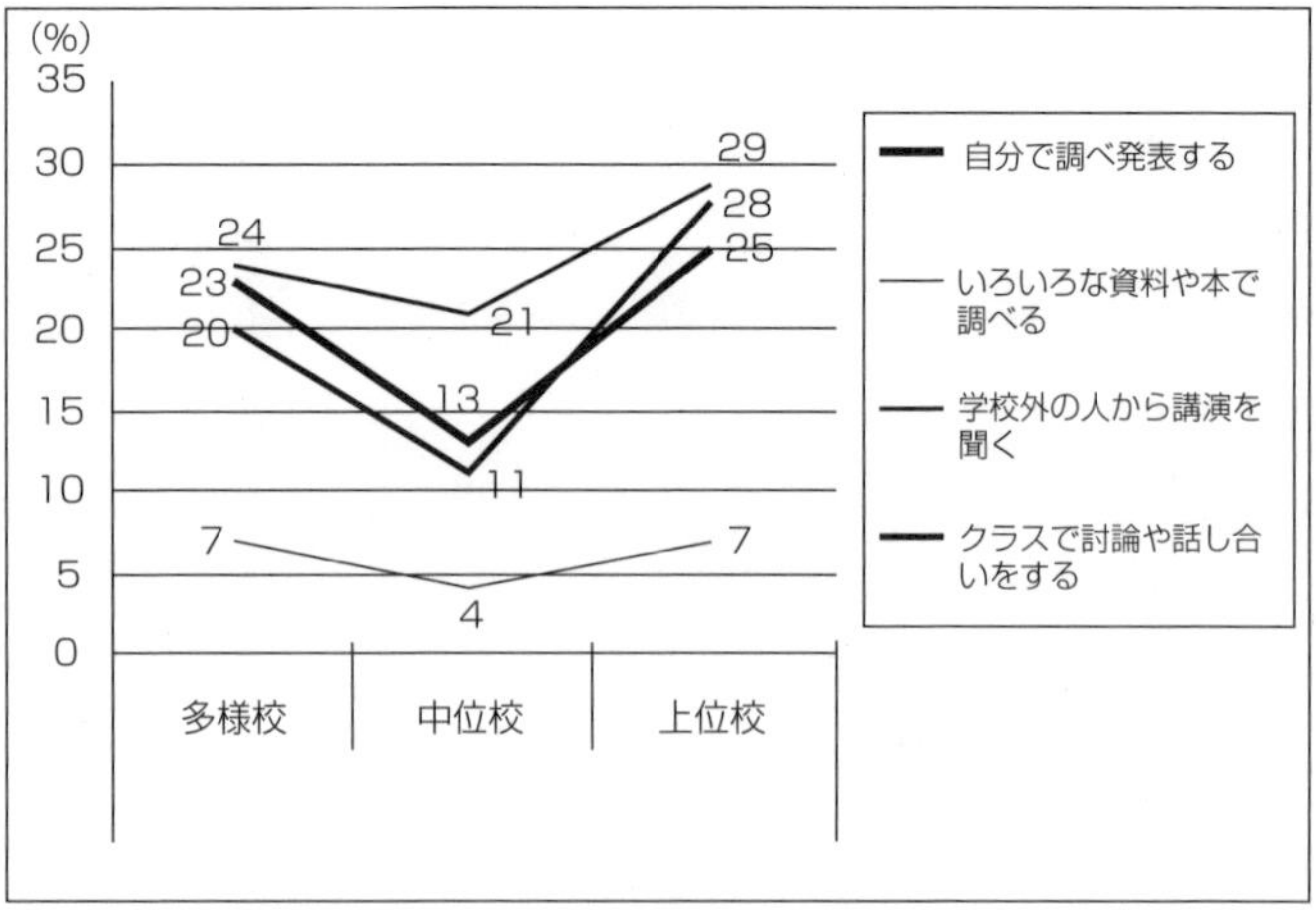

図5－4　非定型授業体験の割合

上位校（一・六七）となっている。これは、上位校になるほど、好きの度合いが嫌いの度合いを上回り、学習への興味・関心が増大していることを示すものである。ここから、多様校・中位校における学習忌避傾向の克服が課題として浮上するのである。

第二に、中位校において「授業定型化のワナ」とでもいうべき現象が確認できる。図5-4にあるように、非定型授業の経験は中位校において最も低い。ちなみに〈中位校／全体の平均値〉をみると、自分で調べて発表する（一三・〇％／二一・六％）、クラスで討論や話し合いをする（一〇・八％／二一・一％）であり、また別の指標をあげると、教科書の項目に沿って（授業が）進む（四四・七％／三三・一％）となっている。ここから、中位校における授業定型化の傾向を指摘できる。このことと関係して高校生の教科書観をみると、「教科書の内容をもっと減らして」の数字が、多様校（二〇・一％）、中位校（二七・三％）、上位校（一二・〇％）となっている。分量を減らせという声は、教科書に沿った知識伝達型の授業が行われる場合、教科書は記憶すべき知識のリストとして君臨し、その負担軽減を求めるものとして理解できよう。

第三に、高校生の意識の内に「新しい学び」へのニーズが確認できる。図5-5にあるように、生徒たちの学びたいテーマは、身近で役立つ知識（三九％）、環境問題（三一％）、外国文化や国際社会（二八％）に集中している。これらに続いて、生命や健康・福祉（一九％）、情報化社会（一九％）、日本や世界の思想や宗教（一八％）、人権や平和（一八％）、職業や産業（一五％）となっている。環境問題や国際理解への関心が高いことは予想通りであったが、授業において身近で役立つことへの「ニーズ」

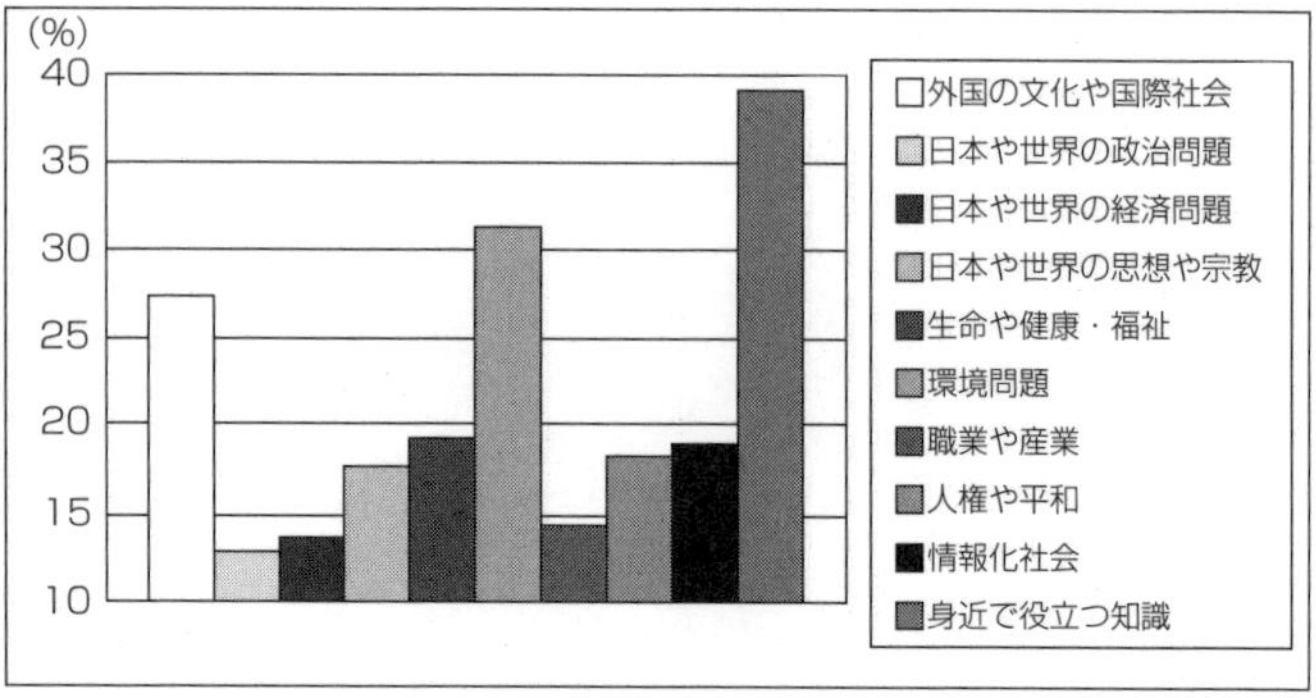

図5－5　学びたいテーマ

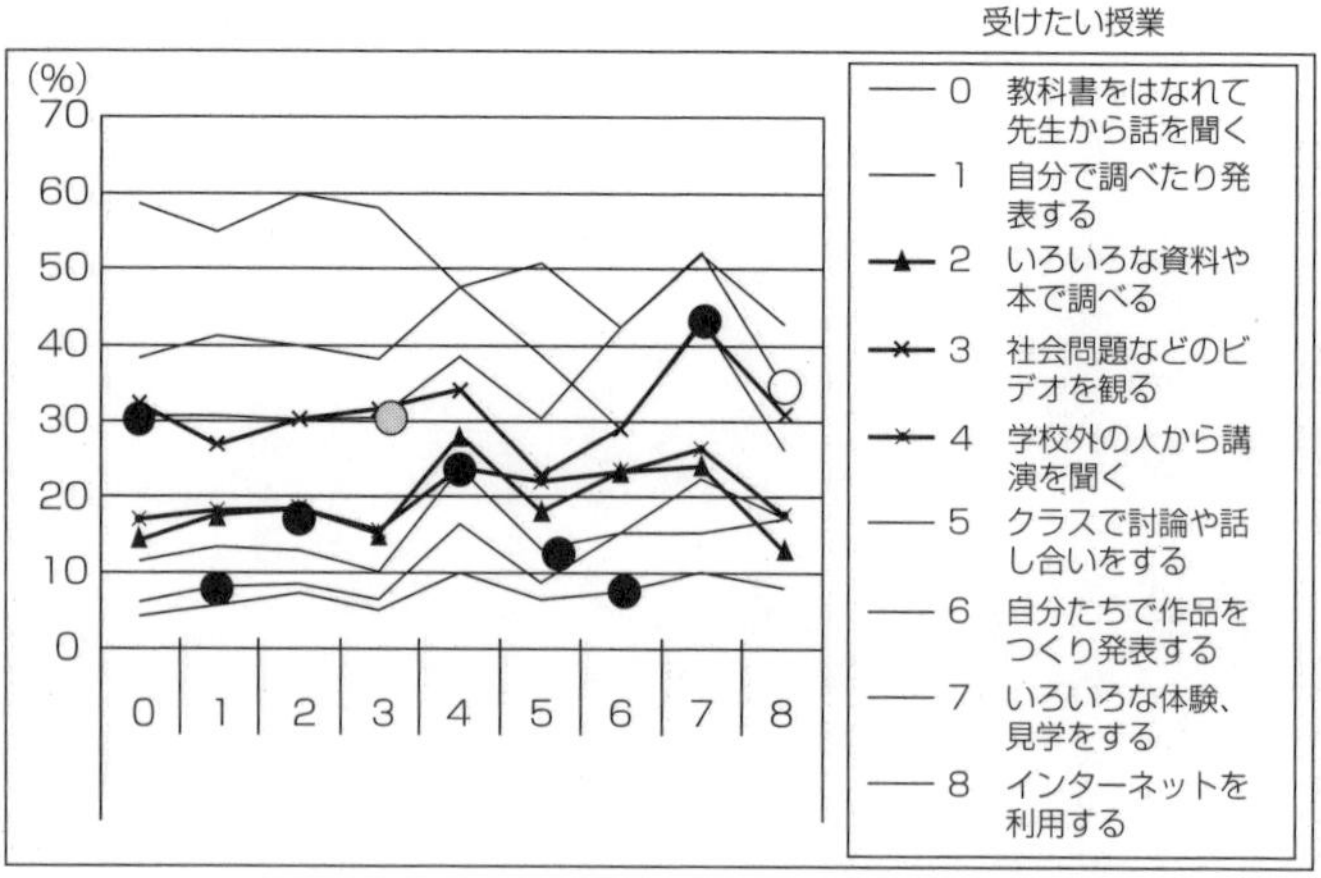

(注)　0～8の授業を受けた生徒が、さらに受けたい授業はどのようなものかを聞いている。折れ線グラフ上の●は、0～8の授業を受けた生徒が同じスタイルの授業を「さらに受けたい」と思う度合を示している。すなわち「授業再現希望度」を表すものである。

図5－6　授業の再現希望度

が高いことは留意すべきであろう。なお、この設問では、性別の開きが認められた。すなわち、生命や健康・福祉（男一二％／女二八％）は圧倒的に女子に、職業や産業（男二〇％／女九％）、情報化社会（男二四％／女一四％）は男子に多かった。

これらの結果に典型的なように、教科学習においても、生徒たちは「身近で役に立つ知識」を最も学びたいと考えている。アンケートの本文では履歴書の書き方が例示されているが、このような学習は自ずから学ぶ「意味」が明確である。その点が生徒たちの希望を満たすのであろう。逆に、抽象的で難しいというイメージからか、政治や経済への興味・関心は最も低いレベルにとどまっている。このことは、政治や経済という分野においても、「身近で役に立つ」と感じるような教材や授業方法の開発が大切になっていることを意味している。

第四に、教科書に沿った伝達型授業の限界が指摘できる。生徒たちは検定教科書にまず魅力を感じていない（「読みやすく面白い」七％！）。また、教師たちも授業の際、教科書に依拠していない（「授業で教科書はかなり使われている」一〇％！）。逆に、魅力を感じるのは、パソコンやインターネットの活用であり、体験や見学である。インターネットの活用も疑似体験と考えれば、「チョーク・アンド・トーク」の授業より、体験的学習を生徒たちは求めているといえる。もっとも、体験的学習もそれ自身を目的にすると活動主義に陥ってしまう。体験を通して学習意欲を触発し、調査・研究・討論という生徒が探究する授業への通路をどう拓いていくかが課題となっている。

ところで、図5-6にみるように、生徒たちは調査・討論・発表のように手間暇のかかる学習を求めているとも言い難い。その意味では、生徒の好みに過度に従うのも考えものである。調査し、思考し、表現するという行為は、認識の深化や人格形成に大きな意義をもっている。したがって、安易な「欲求（wants）」より「必要（needs）」を重視すべきであろう。政治や経済の学習においても、生活に関係する話題を取り上げる配慮をしたり、また学びの意味を問う生徒たちに、何故このような学習が必要かを説明することも大切である。そのような努力をすることが、教室のなかでの「カリキュラム・アカウンタビリティ」（一般に「説明責任」と訳されている）の一つのかたちなのである。

以上の調査結果を踏まえ、公民科教育の在り方について若干の提言を述べよう。

調査結果から推察すると、高校生の意識状況として、道徳的価値や社会問題への関心および改善への意思を一定に保持していることがわかる。しかし他方で、社会における自己の役割や、問題状況を変革する意思および方法等の面で十分な自覚がみられるとはいえない。科学的な社会認識と社会への主体的なかかわりを意識した市民意識を形成するために、引き続き社会系諸教科の実践の充実が求められている。その充実の方向につき、何点か指摘しよう。

第一に、高校生の「学びへの回帰」を実現することが肝要である。調査結果から明らかなように、高校生の学びからの逃走という現象は深刻である。高校生の関心を惹起し、学習に意味を感じて意欲的に学習に参加するような回路を開発してゆくことが急務になっている。

第二に、時代の変化に対応したカリキュラムを開発することである。別言すれば、学習内容の現代化に配慮することである。ここでいう現代化とは、国際化、少子高齢化、情報化、環境問題等の課題に対応する内容編成に留意することである。調査結果にあるように、高校生の時事問題に対する関心は少なくない。話題にのぼる時事問題の事例を取り上げながら、社会の仕組みに迫るような学習が求められている。

第三に、生活と学習の結合への配慮である。例えば、雇用不安やアルバイト、消費生活に直結した問題等を切り口にして労働や経済の学習を展開するなど、生活に即した問題を取り上げて高校生を「問題的場面」に誘い、主体的な学習を開いていく努力が必要であろう。

第四に、学習に際し生徒の実態とのマッチングを配慮することである。校種別や性別により調査結果に違いがみられる。すでに多くの教師が体験的に行っていることだが、より一層生徒の実態に応じた学習内容・学習方法の開発が必要であろう。その意味で、生徒の実態に対応した実践的な授業の開発が急務である。

第五に、学習の主体性への配慮である。社会問題への関心喪失や判断停止状況を考えるとき、それらの状況を改善する方策として、アクティブな学習方法の導入が必要であろう。ディベート学習・フィールドワークなどの体験的学習や問題解決的学習の導入により、社会問題への意見形成を促進するように指導したいものである。

第5節　社会科教育の改革と教師養成教育の課題

筆者個人の授業改造の経験、初期社会科の「初心」への回顧、さらに高校生の声（voice）への傾聴から、次のような社会科教育の改革視点が浮かび上がってくる。四点に整理して述べてみたい。

第一は、授業展開の基調に生徒が探究する場面を用意することである。自分のこだわりを探究する学習や目的やニーズが明確な学習場面では、「学びからの逃走」は無縁であろう。生徒たちにとって切実な「問題的場面」を生成させ、「解決的場面」にむけた学習をテイクオフすることが可能となる[11]。この点では、一例として、アルバイトや就職の問題から日本経済の学習に切り込むなどの工夫が考えられるであろう。

第二は、授業の内容・方法の選択に関して生徒への「説得と納得」に心がけることである。学校学習が進学や就職と直結し、立身出世の「青雲の志」によって統制されていた時代には、何のために学ぶのかの問いは自明のものとなっていた。だが、進学率の上昇とともに、そうした学校正統性意識が希薄化し、一方的な教育知識の伝達にたいして生徒たちの拒否感は高まっている。そこでは、何のためにどのような内容および方法で学ぶのか、なぜこのような評価となったのか等を明示する「カリキュラム・アカウンタビリティ」への配慮が重要となる。社会科教育においても同様である。先のアンケートにあるように、生徒の学習ニーズは現実の授業とは離れたものになっている。そのすき間を埋め、ニーズ（「wants」ではない点に留意）に対応した授業の展開が求められているのである。

第三は、社会（公民）科授業とそれ以外の授業や諸実践との間で「相互規定的・相互還流的関係」を構成するように心がけることである。総合学習の誕生を機に、「カリキュラム統合」の視点が改めて問われている。教科学習・総合学習・特別活動（や道徳）をつなぐことによって質の高い実践が生まれる。それぞれの特質や独自性を明確にしつつ多層的に組み合わせることが可能である。例えば、高知市立高知商業高校では、ラオスに小学校をつくるための国際援助の活動が、教科学習・総合学習・生徒会活動をつなぐかたちで発展し、校内に株式会社を立ち上げ、はりまや橋商店街にショップを開設するような取り組みを展開している。

第四に、生徒の参加に配慮することである。この場合、参加にはいくつかの領域と段階が考えられる。まず領域としては教育参加と学校参加が考えられる。欧米において配慮されているのは高校生を含めた教育行政の運用であり、個別学校を越えた形での参加である。また、学校参加には学校経営参加と学習参加を便宜上区分することができる。学校経営参加には、参加度の強い順に〈議決‐関与‐聴聞〉という段階が考えられ、欧米においては議決権を共有することが普通である。また、学習参加には、生徒の学習ニーズに対応したカリキュラムや学習計画の作成、批評を受けてのカリキュラム評価等の配慮が不可欠である。この点では、千葉県立小金高校での「三者会議」による総合学習カリキュラム開発や「総合学習・環境学」の実践が典型的な事例として紹介できる。こうした社会参加の経験は、社会科教育を市民性育成教育とリンクさせることで活性化する方略ともなるであろう。

以上のような社会科教育改革の実現は、つまるところそのような実践を担う社会科教師の育成によって確実となる。教師の職能発達は、養成段階―採用段階―研修段階の各過程を統合し、また自主的・内発的な自己成長の要求と行政側の制度的サポートの整備が結びついて促進されるものである。その意味では、大学での養成段階のみをとって、教師の養成や成長を自己完結的に語ることはできない。だが、大学での教師養成が重要であることは論を待たない。そこから、大学での教職課程の在り方とともに社会科・公民科教育法の実践の質が特に問われることとなる。

個人的な取り組みであるが、大学での社会科・公民科教育法を担当するようになって、「生徒が探究する社会科」の理念と方法を学生に理解して欲しいと願い、次の「五つの学び」として、実践している。

第一は、レクチャーである。ここでは、戦後社会科の歴史と実践を取り上げる。〈初期社会科→知識主義の社会科→社会科の再生→高校社会科の「解体」→総合学習時代の社会科〉という系譜において社会科教育の歩みを跡づけ、それぞれの時期の典型的な実践について紹介している。学生が経験してきた社会科の授業を相対化し、それと異なった原理や方法が存在すること、時代社会の変容に対応して教科内容も変遷を遂げてきたことを理解してほしいからである。

第二は、ディベート学習である。ここでは、ディベートの歴史や理論を講義した後、ディベート体験をしてもらっている。ディベートの理論と方法は、知識主義の社会科・一斉画一型伝達式社会科からの脱脚をはかる回転軸として活用することが可能である。ただ、そのためには、教育方法としてのディベートの在り方を明確にすることが必要である。一般にディベートという場合、論争技術の優劣をあらそう競技型ディベートが主流である。だが、社会科教育におけるディベート学習は、社会認識の深化をめざし、資料の活用・政策作成・説得的表現・複眼的思考に配慮した方法が開発されるべきである。そのような視点から、競技型に対して「探究型ディベート学習」の方法を提起し、体験を通して理解してほしいと願っているものである。

第三は、フィールドワークである。個性的で創造的な実践を展開している学校を訪問し、その様子を直に体験することの意味は大きい。「百聞は一見に如かず」である。具体的には、総合学習を長期にわたり独自に展開してきた私立和光中学・高校や生徒・父母・教職員で構成する学校協議機関である「三者会議」による学校改革をすすめてきた県立小金高校を訪問した。日本には、一万を超える中学校、五千を越える高校が存在する。だが、通常学生の経験した学校はそのうちの一校にすぎない。創造的な実践を展開する学校を参照することで自分の体験を相対化することが可能であり、また必要である。

第四は、教材の自由研究である。自由なテーマを選び、独自の教材研究を行う。履修学生の多くは、半期ごとの講義を連続してとっているので、この自由研究は夏休みの宿題としている。ここでは、テーマ設定に際して、できるだけ絞り込み、角度をつけること、きちんとした資料にあたることを要求している。例えば、「日本の農業問題」では一般的すぎるので、「日本に農業はいらないか」とすると焦点が明確になる。

第五は、模擬授業体験である。「みる」と「する」では大違い。教育実習での教壇実習に先駆け、最低一回はマイクロ・ティーチング（二〇～三〇分の模擬授業）の経験をするように配慮している。

ここでは、自由研究による教材研究をベースにして教壇授業を準備する。学習指導案の説明では、「生徒の状況」「生徒の学習活動」という項目を設け、その記述を充実させることを求めている。こうして、学習指導案を作成し、それをもとに授業を体験したあとで、「カンファレンス」をする。指導案をもとにしてまず授業をした学生からの反省→生徒役の学生からのコメント→教師からのコメント、という順序で議論している。

このような「五つの学び」の講義デザインは、私の実践の現時点での到達点であるが、率直に言って、学生自身の社会科体験の古層が絶えず顔を出し、学生の内的改革は容易でない。さらに、探究的な授業を工夫しようとしても、そのような実践を教育実習の場で体験することは多くの場合困難である。つまるところ教師養成の課題とは、身体化された教授定型に対する「自分崩し」と新たな「自分づくり」を行うという困難な事業なのだと実感している。

「学校は教師次第」とは古くて新しい諺であるが、学校改革の担い手を育てるため、自分の経験を生かして教師養成の仕事に微力を尽くしたいと願っているところである。

多様性は価値である――シカゴ教師研修から

数年前、シカゴの教師たちのワークショップに参加し、多文化教育の実際を研修した。サラダ・ボールといわれるシカゴでは、多文化教育は焦眉の課題である。熱心に学ぶ教師たちのなかにまじって体験したことのうち、印象に残ったことをあげてみよう。

〈根（ルーツ）を切りとってはいけない〉

シカゴ教育局で研修を担当しているジャネットはあるロールプレイを紹介した。シカゴでは、白人の平均年齢は三六歳だがヒスパニックは二六歳である。後者の子どもの数が多いので、このような数字になる。だが、教員の人種構成は、白人が九五パーセントでマイノリティは五パーセントに過ぎない。また各種メディアを見ても、ほとんど白人中心で、黒人がたまに登場しても白人から見た批判的な扱いのものが多い。こうした一般的な状況を紹介したあと、ジャネットはひとつのロールプレイを紹介した。異なる鉢で育った二つの花を、どのようにひとつの大きな鉢に植えるかというものである。茎から切って別の鉢にさすのだろうか（ハサミで実際に切ろうとする）。根ごと引き抜いて植えるのだろうか。そうではなくて、花が育つためには、今までの土と一緒に別の鉢に移植するのがよいであろう。人が育つためにも同じことがいえるのではないか、と示唆しているのである。

〈体験学習（touch）のもつ力（power）を生かす〉

異文化理解の授業をどう展開するか。大学講師のダイアンがさまざまな手法を紹介した。

最初は靴並べの実験。ビーチサンダル・スニーカー・サンダル・靴・ハイヒールなどが雑然と置かれ、フォーマルな順に並べ替えようというのである。参加者があれこれとやるが、微妙に順番が違う。次に、持ち物を二つずつ出しあい、同じような物をグループにしてまとめるゲームである。日本とシカゴの教師たちにわかれ、自分たちのものを分けて崩し、次に相手のものをグルーピングする。その際、日本のお守りやアメリカのキリストのペンダントは、ともに相手側によってアクセサリーとしてグループ化された。文化の違いを反映して、分け方が全く違うのだ。

さらにダイアンは、幾色かのセロファン紙を用意した。これで見ると少しずつ違った色に見える。知らないうちに自分たちが、この色セロファンのようにものを見ていることがないだろうか。そうした偏見をなくすことが大事なことであるとの示唆であった。

異文化理解をすすめるのに、自然博物館などを利用することは意味がある。そして、事実（fact）を知るのみでなく、肌で感じ体験できるようにすること、手に持って触れる（touch）ことのできるものを重視したい。それらのものが持つメッセージの力（power）が大きいからだ。ただ、それだけでは危険を伴う。間違って理解することもあるからだ。そのため、理解したことを交流し合うことが必要だ。以上がダイアンのレクチャーである。

〈「ヒロシマ」を学ぶ生徒たち〜心もグローバルに〉

チャベツ多文化アカデミー（多文化教育を推進するマグネットスクール）でのことである。あるクラスで、丸木夫妻の『ヒロシマのピカ』（絵本）を教材に授業がすすめられていた。担当していたマイケルは、言語表現と科学の教師である。以前日本を訪れ、たまたま我が家にホームステイをした関係で、今はマイケルが私のホストファミリーである。

マイケルは、絵本をめくりながら、意見や疑問をださせ、解説を加えた。ひとしきり説明が終わり、今度は生徒から私たちに質問が飛んできた。戦争体験についての質問では、東京大空襲のことが紹介された。また、阪神淡路大震災の質問では、関西からの参加者が当時の様子や今も続く困難などをリアルに語った。偶然この日は八月六日であった。

実は、高校でもヒロシマを学んでいる学校があった。公立高校長のパトリシア・アンダーソンは、日本を訪れ、生け花を知って花の見方が変わったという。彼女の高校では、「ヒロシマ・プロジェクト」を実施した。その内容は、こうである。まず、全校生徒一四〇〇名が、ヒロシマについて書かれた文章を読む。そののち、グループに分かれて疑問を出しあい、その疑問を研究して発表できるように準備する。学習効果をあげるには、目に見えるようにすることが大事である。学習環境を工夫し、ムード作りをしながらこの実践はすすめられた。きっかけは、Atomic Bomb の講演を教師たちが聞いたことにある。教師が学び、ディスカッションをするなかで、高校での実践に生かそうという発想が生まれた。

高校は規模が大きく、科目履修が生徒によって多様であり、生徒にまとまりがない。そのため、ヒロシマ・プロジェクトの実践には、大変な努力を要した。だが、結果として、同一の問題を全校で考えることによって、連帯感を生み出すことに成功したという。

なぜヒロシマなのか、小中と高校の接続はどうなっているのか。そのような疑問を感じたので質問をした。それに対するパトリシアの回答は次のようである。

ヒロシマをとりあげたのは、核や平和の問題というグローバルな関心と同時に、戦争責任のことも考えたかったからだ。さまざまな困難をかかえた家庭が多いことから、ヒロシマは家庭のなかの平和にも通じる。また、小中高の接続は重要だが難しい。小学校で基礎を教えても、その後、私立・マグネットスクール・近隣の公立学校にわかれ、連続しない。

それにしても、メキシコの文化や言葉を学び、ヒロシマを議論する教室に接しながら、小学校長をしているエヴァが何気なく語った一言を思い出した。彼女の言葉はこうである。

「経済や社会がグローバルになっている。心のなかもグローバルにならなければ……」

多様な人種・文化によって構成される移民社会アメリカ。一人一人が異なることは当たり前で、違うもの同士が折り合いを付けながら生きている社会である。前へ前へと突き出るような言葉の噴出は、主張しなければ生きていけない社会を象徴しているかのようだ。そして、この社会の根底に、「多様性は価値である」という思想を感じた。また、アメリカ社会の動態にふれ、改めて日本人としての自分を考える機会ともなった。当たり前のことだが、インターナショナルとはナショナルを忘却することではない。むしろ、ナショナルをコアとしてこそ本物のインターナショナルに通じる。その際大切なことは、ナショナルなものを価値序列的にとらえないことである。ナショナルをコアとしながら、それらを価値多元的に位置づけ、相対化することである。考えてみれば日本は、そのような立場を半世紀以上前に宣言していたはずである。「普遍的にしてしかも個性豊かな文化の創造」（教育基本法前文）とは、多文化・国際理解の精神を表明していたと考えてよいだろう。

（一九九八年）

注

（1）以下では特に断らない限り、地歴科・公民科も同質のものとして「社会科教育」と表記する。
（2）佐藤学「二一世紀のカリキュラムへ＝学校教育の基盤の変化」科学研究費報告書・市川博研究代表『教育課程の構成・基準の改革に関する総合的研究（最終報告）』二〇〇二年三月、八六～八九頁。
（3）こうした実践の概略については、以下を参照のこと。松木健一「臨床的視点から見た教育研究と教師教育の再構築――福井大学教育地域科学部の取り組みを例に」『教育学研究』第六九巻第三号、日本教育学会、二〇〇二年、三四四～三五六頁。
（4）民教連編『社会科教育の本質と学力』労働旬報社、一九七八年、四五頁。
（5）詳細については以下を参照のこと。黒澤英典・和井田清司・若菜俊文・宇田川宏『高校初期社会科の研究』学文社、一九九八年。
（6）同上、第五章第三節、参照。

（7）同上、第七章、参照。
（8）和井田清司「地方資料にみる「時事問題」受容の諸相」『社会科教育研究』第七九号、一九九八年、参照。
（9）「転換期における市民意識形成に関する調査研究」（『武蔵大学総合研究所紀要』第一〇号、二〇〇一年三月、七五〜一六四頁）参照。
（10）進路多様校（多様校）、中位進学校（中位校）、上位進学校（上位校）の各類型は、次の指標によっている。多様校＝進学・就職の相半ばする高校、中位校＝進学が主だが、短大・専門学校にいく生徒が多い高校、上位校＝四年制大学への進学が主な高校。
（11）高浦勝義は、デューイの「探究」の構造を、「問題的場面」から「解決的場面」へのみちすじにおいて整理している。高浦勝義『総合学習の理論・実践・評価』黎明書房、一九九八年、参照。

第6章　学校改革における内発的発展

第1節　新しい学校像の模索——エコロジカル・アプローチの視点から

学校改革に関して、次の二つの語り口によく接する。

第一の語り口は、改革の理念にあわせて現場をリードしようとする議論である。まず改革ありきという視点から、学校教育の病理が幾分か誇張して指摘され、改革の正義が語られ、トップダウンの視点からリーダーシップが強調される。こうした発想にあわせて、企業経営の思想と方法が公然と（または隠然と）導入されることも多い。この語り口に属する研究傾向として、リーダーシップ論があげられる。もちろん、管理職の革新的な姿勢は学校経営改善のために重要であることは否定できない。だが、リーダーシップによるトップダウンのやり方は、時として上部の指示を下部が受容するという傾向を助長し、主体的な実践が困難となり実践が形式化するという弊害を生じる。

第二の語り口は、教育の実態を調査によって分析し、教育政策の帰結を批判する議論である。そこでは、改革の推進により、学校階層の違いや文化資本の状況に応じて教育格差の拡大が進行すると危惧される。確かに、こうした調査による量的な分析は、社会の動態を把握する上で有効ではある。なお、社会学の理論を用いて教育の実態を鋭く分析するこうした手法は、菊地栄治によって「方法的社会学主義」と批判されている(1)。

これらの研究動向は、上から付与された実践枠組みを現場に普及する方法であったり、逆にその枠組みを冷ややかに批判するものに大別される。確かに、改革の理念を語ることも、改革の帰結を冷静に分析することも無意味ではない。これらの語り口は、前者が現状改革、後者が現状批判というトーンの違いがあるが、ともに学校の外からの啓蒙的なアプローチのように思える。「啓蒙的」とする理由は、これらの研究においては、あるべき姿を示しその方向にむけて実践をリードしようとしたり、調査データをもとに政策の推進や見直しを提起するような傾向がみられるからである。

だが、学校改革を内側から無理なくすすめていくには、啓蒙的アプローチとは別の接近が必要である。生徒や教師の生の声を丁寧に聞き取り、学校にかかわる構成員の合意と納得によって自生的な改革を実らせていく道である。それは、単なるボトムアップという言葉をこえ、その組織に関係するあらゆる人たちの改革への参加をも意味する。

周知のように、近代化の道筋を論ずる際に、内発的発展という議論がある。地域の生態系に適合し、住民の生活の必要に応じ、地域の文化に根ざし、住民の創意工夫によって発展の方途を探究する思想と行動のことを指す。住民が協力して発展の在り方や筋道を模索し創造することを価値とする第三世界のなかから芽生えた考え方である。鶴見和子の紹介によれば、ヨハン・ガルトゥングは発展なるものを発展と病的発展に分け、後者を低発展と過剰発展に分けている(2)。このタームに照らせば、内発的発展とは、近代化における西洋モデルの押しつけを拒否し、低発展や過剰発展という病的発展を回避して、デモクラティックでエコロジカルな発展を展望する思想と行動の総体である。そのような発展に取り組む際、誰が仕掛け人となってリードしていくのだろうか。この仕掛け人をキーパースンと呼ぶが、鶴見は市井三郎の分類を引きながら、キーパースンの諸類型を紹介している。(3)

ここには、地域を基礎にした発展を展望する際、外圧やトップダウンでなくボトムアップの発想を重視する主張がある。学校の発展についてもそうだろう。とりわけ、開かれた学校づくりや総合学習のカリキュラム開発のように学校単位で方向性をデザインすることが必要な分野では、学校内部からの内発的な改革がともなわない限り成功はおぼつかない。その意味で、学校や地域の固有の文脈から、さまざまなキーパースンが立ち上げていく取り組みを重視したい。

こうして、学校改革の方向には、「二つの道」が提起されているといえる。一つは内発的発展の道である。ここでは、現場

内発的発展	外向的発展
オートノミー	ヒエラルキー
学校参加（パートナーとしての親・生徒）	学校選択（コンシューマーとしての親・生徒）
責任共有	自己責任
エコロジカル	エコノミカル
相利共生	偏利共生
相互作用（フィードバック）	目標モデル
開放系（オープンエンド）	閉鎖系（クローズドエンド）
キーパースン	リーダー（シップ）
協働性（同僚性）	集権性（職階性）
デモクラシー	パターナリズム

図6-1　学校改革の「2つの道」

のニーズによって改革が位置づけられ、学校の伝統の継承と革新がはかられることとなる。今一つは、外向的発展の道である。上から付与された枠を新規導入し、特色ある学校としての効率性をアピールする道である。二つの道の両者を構成する諸要素は、図6-1のように示されるであろう。

これらのエレメントの内から、内発的発展の側の基本的な項目を取り出して考えてみよう。第一は、改革の権限を学校現場に位置づけることである。学校をヒエラルキーの末端でなく、独自の経営主体としてオートノミーを保障することである。そのことは同時に、地域や学校の風土に適合した多系的な改革の方向を奨励することとつながる。第二は、「参加」の問題である。学校改革において教師以外の構成員の参加を検討することである。このことは、学習主体の生徒の参加を含めて考えることで、当事者性の保障という意味も付与されるであろう。第三は、ヒューマン・ウエアの重視である。キーパースンのネットワークを主体として改革を推進することである。この場合、実践を通したキーパースンの量質両面にわたる成長が、その後の展開を条件づけることとなろう。第四は、相互作用を通した相利共生の観点である。実践に取り組むなかで、構成員が相互に刺激しあい、ともに成長する方向をめざすことである。

内発的な学校改革を志向する研究をすすめている菊地栄治は、大阪府立松原高校の実践を評価しつつ、「子どもの現実から始め、そこから実践を組み立て、さらに現実を変えていくというエコロジーの哲学：エコロジカル・アプローチ」[4]の重要性を指摘する。菊地の研究には、教育現場の生態を丁寧に観察し、その生態に即した進化を展望するという繊細さがある。菊地の指摘を踏襲し、構成員の合意と納得によって内発的な改革を実らせていく道を学校改革におけるエコロジカルアプローチと呼ぶこととする。エコロジーとは、一九世紀後半に登場した言葉で、生命系の共生をめざす思想と運動の総体である。以下では、学校や地域の歴史や伝統というローカルな文脈に即し、教師・生徒・父母・地域住民の無理のない関係性を構築していく実践をイメージしてこの言葉を使う。

生徒たちの声に注意深く耳を傾け、創造的な実践を丁寧にふりかえるならば、その先に新しい学校像が展望できるように思う。それは、教室という空間や授業という時間を「知識の配達」という機能から生徒たちの生き方を問う試行錯誤の場へと転換することである。また、学習を閉じられた空間にとどめるのでなく、学習環境のネットワークを通じて校外の世界との相互関係を回復することである。教育実践の世界を、生徒自身がテーマをもとに探究し、他者と出会いかかわりながら、自分の生き方を見つめ直すものとしてデザインすることである。そのような学びを自律的学習と呼ぶこととしよう。

自律的な学習を経験した生徒は、もはやステレオタイプの授業には耐えられない。生徒が自律的な学習にテイクオフする瞬間に立ち会った教師もそうだろう。これは私が実感する経験則である。そのような生徒や教師が、全国の学校で少しずつ増えていってくれれば、困難に直面する学校教育の荒野に、少しは暖かい風が吹き始めるのではなかろうか。生徒(同士)と教師(同士)とがふくよかな関係で結ばれ、学校という世界が、生徒たちの試行錯誤とそれを見守る教師たちの柔らかいまなざしで満ちてゆくこと。学校をそのような時間や空間として創造する道を探ることが、学校改革の最大の目的である。

ところで、教育改革においては「特色ある学校づくり」が強調される。だが、そこでいわれる特色とは一体何か。特色なるものを外から張り付けたり、あるいは無理につくり出すことではなく、個々の学校で意味ある教育活動を組織するなかで、特色は自然ににじみ出るものと考えたい。その意味では、学校の内から実践をつくり出し、学校が内側から自然に成長していく過程を重視したい。これが学校改革における内発的発展なのである。

第2節　学校改革のエコロジカル・アプローチ

(1)　学校参加の可能性と課題――「三者会議」を中心に

一九九〇年代半ばに教師・保護者・生徒各代表で構成する協議機関として「三者会議」を立ち上げ、内発的な学校改革に取り組んできた学校がある。千葉県立小金高校（以下「K高校」と略記）である。また同校では、地域住民の学びを組織する「オープンスクール」の実践、自然生態系を保存するビオトープの設置と運用、「総合学習・環境学」の実践等に取り組み、それぞれの専門家によって注目され、評価されてきた。

例えば、三者会議は、教育行政・教育法の専門家により、「その時点では全国的に類例をみないもの」[5]、「日本でいち早く学校協議会を確立し、生徒の参加を制度化した」[6]ケース、「『計画』の段階における生徒参加[7]」の事例として紹介されている。また、「総合学習・環境学」については、カリキュラムや教科教育および社会教育の研究者から注目が寄せられている[8]。

こうして、K高校の内発的な学校改革の個別的な取り組みは、研究の光を浴びて一定程度明らかにされてきたのである。なお筆者は、同校に勤務した経験があり、異動後も参与観察を続けてきた。そこで本項では、K高校の内発的な学校改革の姿を紹介することとしよう。

1 三者会議の成立と背景

① 三者会議生成の基盤――「民主的学校づくり」の伝統[9]

K高校は一九六五年に創設され、それからさまざまな民主化に取り組み、研修日・校務分掌公選制・職員会議議長団制等の導入が図られ、学校運営を教職員の手で行う民主的学校運営の基盤が形成されていった。その後、一九七〇年代末から八〇年代にかけて、校務分掌の民主化をより一層徹底するなかで、生徒・保護者との関係にも配慮した学校運営の原型が形成された。生徒との関係では、校務分掌上生徒会部を独立させて生徒会指導を充実させ、行事を自主的に企画運営するまでに生徒会活動を活性化させた。特に注目すべきは、「調整協議会」の規定である。これは、生徒総会で決定された生徒の総意と職員会議の意向とが相反した場合に両者が協議する機関であり、一九八一年に発足した。生徒の学校参加を一定程度保障する制度の出現であった。また、保護者との関係では、庶務部を窓口としてＰＴＡ活動の促進をはかり、ＰＴＡ活動が保護者側役員を中心として自主的に運営されるような気風を育ててきた。

こうした創立以来の改革により、学校運営システム（校務分掌公選制・議長団制等）の民主化を軸としつつ、生徒会活動やＰＴＡ活動の活性化を通して、教職員・保護者・生徒ともに自律的に活躍する土台が構築された。三者相互の自律的活動を基礎に「話し合い分かり合う[10]」学校運営のルールが成立した。こうした条件が三者会議誕生の基盤として作用したのである。

② 三者会議成立の契機――学校行事をめぐる意見対立と合意形成　三者会議の成立にはあるエピソードが関与している。一九九四年から翌年にかけて、学校行事のすすめ方をめぐり、校内の意見が対立した問題である。入学式や卒業式に「日の丸」掲揚を性急に導入しようとした管理職の姿勢に対し、多くの教職員・生徒・保護者が疑問を感じ、両者の意見対立が激化していった。そこで、事態収拾のため、合意形成にむけて管理職・教職員・ＰＴＡ・生徒会の各代表が四者会談という協議の場を設けたことが三者会議成立の発端となった。その後、管理職も教職員に含まれると解釈して三者会議となり、運営覚書（規約）も確認され正式な協議機関として発足したからである。[11]

一連の経過のなかで生徒や保護者の学校関与が深まり、その延長線上で保護者代表から学校の問題につき三者が意見交換する場を設けたいとの提案が行われ、その必要性と切実性から常設機関としての三者会議の設置が浮上していった。三者会議の成立までには、こうした二年間のドラマ[12]が存在した。まさしく、「三者会議は一日にして成らず[13]」なのであった。

留意すべきは、この意見対立において「日の丸」問題は表層の話題にすぎず、学校を教育行政のヒエラルキーの統制（管理）のもとにおくか、学校のオートノミー（自律性）を保持するかが本質的な争点となっていた点である。K高校は、三者会議の組織を足場にしてオートノミーの道を選び取り、それに相応しい学校像や教育実践を生成させることとなった。

③　学校参加の具体化とその二つのかたち

学校行事をめぐる意見対立と合意形成への一連の動きは、関係した教職員・保護者・生徒に「学校とは何か」という問いを突きつけたといえる。それは、学校が行政による過度の管理を拒否するとすれば、その対極でどのような学校をめざすべきなのかという問いであった。その問いに取り組もうとした結果として、さまざまなかたちが生まれてきたといえる。すなわち、「話し合い分かり合う」という学校文化を継承し合意形成をはかろうとする努力が三者会議に結実する。その後三者会議は、三者の協議によりカリキュラムを検討するところまで発展する。また、地域住民が自らの学びのニーズに応じてワークショップを展開するオープンスクール(14)が、保護者を中心に組織された。さらに、生徒の学びのニーズに応える「総合学習・環境学」の実践が誕生した。日常の授業実践の改革を抜きに、学校運営への生徒参加を語ることはできない。授業・行事・校則等に具現化される学校の固有の在り方を、生徒や保護者との協議と納得のなかで再検討することが求められる。その一環としてこの「環境学」実践においては、生徒たちがテーマを設定して探究し、教師が教科・科目を越えて生徒の探究を援助するというスタイルが定着した。新しい学びのかたちが生まれはじめたのである。

三者会議とそのオートノミーの土壌から生まれたオープンスクールおよび環境学という三つの実践は、いずれも「参加」というキーワードでくることが可能である。すなわち、三者会議は生徒および保護者による学校経営参加であり、環境学実践は生徒の学習参加を基底にした授業づくりである。両者の存在により、学習参加と学校参加の相互還流的な関係が生まれる。ところで、意見対立の性格は、その火種を生み出した教育行政や管理職の専決的な学校運営に対する生徒や保護者による「告発と抵抗」の学校（および教育）参加という意味を有していた。「告発と抵抗」から立ち上がっていった学校参加のエネルギーが地域住民による「文化創造」の学校参加へと発展していったものがオープンスクールに他ならないのである。(15)

2 三者会議の事例からみた学校参加の可能性と課題

① 三者会議の意義　一九九〇年代以降、顕著な発展をみせたK高校の内発的な学校改革の動きを概観したが、以上の記述をふまえ、三者会議の意義を整理しよう。

第一は、生徒・保護者の学校構成員としての位置づけの発見である。一九八〇年代に至る民主的学校づくりの伝統が、三者会議を舞台とした学校参加の前提となった。だが、両者の間には質的転換が存在する。前者は、教職員の自治をめざした取り組みであり生徒・保護者を対等のパートナーとして認知するものではない。前述した「日の丸」問題とその克服の過程で三者が協働した経験が土台となり、学校参加の内実が形成された。子どもの権利条約の批准・普及や欧米での参加法制の広がり、さらに情報公開制度の拡大等が背景として有利に作用したことは事実である。だが、学校行事をめぐる意見対立から合意形成に至るプロセスにおける生徒・保護者の学校関与の深化と課題の共有こそ、質的転換の母体であった。この質的転換は、教師が生徒や保護者をリードする啓蒙モデルからパートナーとして認知する参加モデルへの発展として総括しうる。

第二は、参加内容の質的深化の追究である。三者会議はその生成過程を振り返ると、当初、行政指導や管理職の専決に対する対応の場としての役割を果たした。だが三者会議は、自律的な学校経営が安定するにつれ、三者が学校全体にかかわる課題解決に取り組む協議機関として作動するようになる。日常要求から授業評価を経てカリキュラム開発にいたる道筋は、同時に学校参加の質的深化の過程であった。特に、カリキュラム開発における参加は、「計画段階における参加」の実現であるとともに、教育実践創造の母体として機能する可能性を示唆するものである。

第三は、三者会議の実践を通した三者の協働と成長についてである。K高校の事例に則していえば、学校参加の装置としての三者会議は、意見交換と合意形成の場であると同時に、三者の交流と成長の舞台となった。個別具体的な課題解決やカリキュラム開発への協働の取り組みには、三者による拡張された同僚性の姿をみることができる。

②　学校参加の可能性と課題

K高校における三者会議の事例に照らしてみると、学校参加の実現は、生徒・保護者において当事者意識の形成による学校関与の深化を促進する契機となるといえる。また、さまざまな課題や困難に直面することで三者による協議と協働が一層促進され、三者の意見をフィードバックしながら学校の進化がはかられることとなる。そこには、児童・生徒を消費者として位置づける学校選択の論理でなく、学校の構成員として位置づける共同の論理が生まれ、三者による学校の構成という新しい学校像が胚乳してくるのである。そして、三者による学校の構成という視点は、行政の過度な管理や管理職の専決という官僚制を廃することで、教育の公共性を担保することとなる。

だが、三者会議といえども、制度立ち上げの勢いがうすれ、日常要求活動もある程度満たされてくると、マンネリ化がはじまる。それを防ぐためにも授業やカリキュラムという教職の専門性が担保してきた「計画段階の参加」といわれる部分についても、学校参加の議論の俎上にのせ、児童・生徒や保護者の意見やニーズを傾聴することが有効となる。[16]学校参加を土台とした学校改革には、適時的な課題設定への熟慮と教職専門性とのバランス、さらには参加にともなう責任の共有と分担という課題が併存するのである。そして、このような課題を自覚し、学校参加を基底とした学校運営を推進することで、教師の果たすべき役割もまた更新されていく。ここに、教師の力量形成における一分野が新たに登場することとなるのである。

③　学習の場としての三者会議

三者会議は、生徒・保護者による学校教育への参加システム制度化の試みである。ところで、教育参加・学校参加の系譜研究によれば、「教育方法としての参加」から「権利としての参加」への進展が指摘できるという。[17]前者は、学校長の有する権限の一部を生徒に委任するものであり、学校長の保留権（拒否権）を担保しつつ、一定の範囲内で「自主自律」を育成する方法として参加を保障するものである。後者は、子どもの権利条約に規定された第一二条「意見表明権」の制度的保障を主張するものであり、児童に影響を及ぼすすべての事項を対象とする。権利としての学校参加は、国際法規である子どもの権利条約に示された理念であると同時に、ヨーロッパにおける学校参加法制のなかに具体化されている規程でもある。

参加規程における以上のような深化・発展を否定するものではないが、K高校での経験を振り返るとき、「学習としての参加」という点に注目したい。三者会議という舞台そのものが、三者にとって価値ある経験の場であり成長の機会になっていることを重視するからである。その点では、「教育実践としての参加」[18]（田代高章）の視点に注目したいと考えている。

K高校における十年にわたる内発的な学校改革の過程において、三者が相互に学び合う関係が構築された点については、次のような教員側の発言において、総括的に示されている。

「もっとも豊かな〝発見〟の成果を手にしたのは保護者であった。……学校教育に親として参加する権利を持つことを〝発見〟した。……親の教育権を〝発見〟する過程は同時に、学校教育が上意下達の官僚主義、権威主義に支配されていること、そして教職員だけでなく親たちも上意下達の関係のなかに取り込まれ続けていたことを〝発見〟する過程でもあった。……私たち教職員も、保護者の〝発見〟の恩恵にあずかることができた。……生徒にも、おそらく多くの〝発見〟があったろう……」[19]。

また、生徒側についても「自分たちが要望したことについて、大人も一緒になって議論して、それが実現されていく。そのなかで権利行使の実感が湧いてくるしそれによってより積極的に関わっていこうと思うようになる」[20]という声が紹介されている。

(2) 地方分権改革下における教育行政と教育実践

教育改革の渦のなかで学校が揺れている。改革の射程は、学校制度改革（学校選択制度、中等教育学校、中高一貫教育制度、幼小連携、高大連携）、学校経営改革（学校評議員制度、自己点検・自己評価制度）、教育課程および教育方法改革（「総合的な学習の時間」創設、絶対評価導入、授業評価の導入、「生きる力」や自己学習力、少人数指導）、教師改革（教員養成制度、人事考課制度、研修制度改革）など、多方面に及ぶ。また、学校設置基準の制定にともない、学校設置への規制緩和がすすみ、実際に日本版チャータースクール構想も走りはじめている。

これらの諸改革は、従来の日本の教育を大きく変革する勢いをもって進行中である。だがこれらは、まずもって行政主導で展開される教育行政改革としてスタートしたことから、個別学校単位への浸透過程において不十分さを否定できない。改革施策の多くは、学校内部からみると「上から・外から」の改革圧力という面が強く、現場の教師からすると、改革という爆弾による突然の空爆にとまどうばかりという面がなくもない。冷静に考えれば明らかだが、改革即改善とは限らない。改革を改善につなぐためには、「下から・内から」の改革と連動することが不可欠である。

ところで前述した諸改革の背景として、次の二点への配慮が不可欠である。第一は、中央集権的教育行政の緩和と地方分権的教育行政の推進である。そのため、各自治体の「不均等発展」のなかで、独自に一定の改革が取り組まれている。それら自治体の試行錯誤のなかに、今後の教育改革にとって参照すべき示唆が生まれているように思う。第二に、住民の教育・学校への信頼回復課題の存在である。そのため、近年の各学校への行政指導においては、住民のニーズへの繊細な配慮や説明責任、「特色」をバーゲンして選択にまつ消費者優位の学校運営を求める動きが顕著である。

本項の目的は、教育行政改革として進行している現在の教育改革が、教育実践改革としての実をあげるためにはどのような課題が存在するかについて考察するものである。その際、地方分権改革下の教育改革として、「土佐の教育改革」(県単位)、「犬山の教育改革」(市町村単位)、「鹿本高校の教育改革」(学校単位)の諸相を概観しつつ、主題に迫ることとする。

1 「土佐の教育改革[21]」

① 改革の経過と現状

「土佐の教育改革」は、橋本大二郎高知県知事の二期目の選挙公約として打ち出され、具体化されたものである。高知県においては、公立学校における学力低下問題や勤務評定反対闘争(「勤評闘争」)以来の教育委員会対教職員組合の対立構造の固着化が問題となっていた。一方、外来の知事としてむかえられた橋本知事にとって、教育問題や教育行政の改革は重要な行政施策上の課題となっていた。そのため、強力なリーダーシップを発揮し、新しい方策をとりつつ教育改革を推進してきたのである。その経過をみてみよう。

二期目の橋本県政は、「土佐の教育改革を考える会」(以下「考える会」と略記)を発足させた。教育改革の方策を、公論の場で構築するためである。ここでの特徴は、改革にあたって官の政策や組織に依拠せず、労・民の垣根を超えた「地域版教育サミット」[22]の組織を創生したことである。サミット方式は、「教育政策が既存の政治過程では機能しなくなった時の非常手段として用いるもの」「政策形成の新たな政治的土俵をつくって、各セクション共通の土台で検証しようとするもの」とされる[23]。

「考える会」のメンバーは、教育関係者の他に母親・財界関係者・ジャーナリストなど多彩な三三名で構成された。一九九六年六月二四日（第一回）から一九九六年一二月一九日（第一〇回）にかけて、教員研修、教員採用、管理職登用、学力の定着と向上、学校・地域・家庭の連携、中山間地域の教育、幼小中高の連携、障害児教育、教育正常化問題等のテーマで審議を重ねた。「考える会」の組織と運営について特徴的な点は、議論は完全公開とし、知事・副知事・教育委員・教育委員会事務局はいっさい発言せず傍聴に徹するとしたことである。自由闊達な議論の展開を期待したのである。こうした議論をふまえて改革の施策が県教委により「改革の三つの柱」として具体化され、一九九七年度より実施されることとなった。それは次の三つである。

1　教員の資質・指導力の向上
2　基礎学力の定着、学力の向上
3　学校・家庭・地域の連携による教育力の向上

その後、第一期「土佐の教育改革」（一九九七〜二〇〇一年）に引き続き、第二期の改革が継続する。その移行に際し、「考える会」座長団によって構成された「フォローアップ委員会」（二〇〇一年夏に五回の審議を行う）が第一期の総括を行った。それによれば、前進面として、研修効果の向上・長期社会体験研修の効果・教員採用人事の改善、授業評価システムや到達度把握検査の浸透、開かれた学校づくりの前進、教育正常化の前進等があげられている。他方で、管理職の選考方法・教員の勤務評価、学力向上対策の充実、家庭の教育力の低下等が課題として提起されている。

フォローアップ委員会のまとめを受けて、第二期「考える会」（二〇〇一年九月一八日～一一月二〇日）が四回にわたって開かれた。基本的な対応方針の項目のみあげると、次のようである。

(1) 子どもたちの基礎学力の定着と学力の向上
(2) 教職員の資質・指導力の向上
(3) 家庭・地域の教育力の再生・向上
(4) 学校・家庭・地域の連携の強化

第二期は、第一期と比べていくつかの違いがみられる。まず第一に、「考える会」の審議が簡略化され、当局の姿勢も第一期ほどの熱意がみられない。第二に、第二期の方針では学力向上対策がトップとなり、また学校・家庭・地域の連携が分節化されて「家庭・地域の教育力」が独立の項目として生まれた。その結果、「学校・家庭・地域の連携」は最後の項目となっている。第一期の議論が教員批判から始まったが、第二期では家庭の教育力の低下が議論の焦点となった。そのような議論の経過を反映しての修正であった。第三に、改革の基調に新たな傾向が生起している。その変化の傾向は次の三点に見受けられる。

① 学力対策の重点化と目標管理の導入であり、ＣＲＴの数値を全国平均以上にあげるという数値

目標が示されている。

② 校長のリーダーシップの発揮と校内組織の整備が指摘されている。リーダーシップの過度の強調は、トップの指示を下部が受容する傾向を助長し、開かれた学校づくりの方向を困難にすることはないだろうか。

③ 家庭の教育力向上の必要性が突出して指摘される。だが、家庭教育の課題に、行政がどこまで踏み込めるのかという問題が存在する。

ここでは、そうした新しい側面を含みつつ、改革が進行中であることを確認しよう。

② 当面する課題

改革のプロセスを考えるとき、立ち上げのエネルギーと継続するエネルギーは異なる。立ち上げの一時的エネルギーに比し、改革を維持する日常的なエネルギーにはより困難がともなう。継続するエネルギーは、改革の成果を絶えず明示しつつ、複雑な諸要因に対応する実務的な対応を迫られるからである。その意味で、第二期の改革には困難が多い。

第一期の課題は、硬直した教育行政を公論によって開かれたものに改革し、勤評闘争以来の対立構造を緩和して、正常な議論の舞台をつくることにあった。その成果は、改革の進行のなかで達成されつつあるといえる。だが、舞台装置が変わっても、シナリオと役者が変わらなければ改革は進化しない。その意味では、カリキュラム改革(シナリオ)と教師の実践的指導力(役者)の向上が今後のポイントとなる。

そのためには、カリキュラム開発を推進する各段階でのローカル・センターの組織化と教員研修とを結びつけながら、改革のシナリオを書き直すことが求められている。中高連携の取組の一環としてすすめられた嶺北地域における教材開発の試みや窪川風土記の実践に学んだ南国市の地域教材づくりの構想は教訓的である。この事例のように、具体的な課題を共有した教師たちが、共同的な交流をすすめながら力量形成をはかるルートを多様に用意していくことが、結果として教師の意識改革を促進していくことになる。

以上、「土佐の教育改革」は、その達成のうえに立ち、ネクストステージのデザインと体制構築を再考する時期にきているといえよう。

2 「犬山の教育改革」の現状と課題㉔

① 改革の経過と現状　愛知県犬山市では、市独自の改革プラン(「犬山プラン」)を策定し、二〇〇一年度より本格的な教育改革に着手している。このプランの基本理念は「学びの学校づくり」にあり、次の三つの目標とそれに付随する具体的施策が明示されている。

(1) 教室の改革
① 自ら考える力を育む「学び」の実現
② 「総合的な学習」の工夫
③ TTや少人数授業の導入
(2) 学校の改革

④　子ども・教師・保護者・地域の人々が学び合う場としての「学びの共同体」の実現

(3)　新しい学校教育

⑤　授業を中軸とした学校

⑥　校務分掌の見直し

⑦　学校運営の効率化

⑧　地域の人々の学校運営への参加

犬山の教育改革は、市長主導のスタートを切った。県の要職経験のある実力派教育長を選任し、二人三脚でトップダウンの改革を始めたのである。市単位での改革を推進する犬山市の施策について、その特徴点をあげてみよう。

まず第一に、改革の第一歩が人事行政の見直しから始まったことに注目したい。従来県教委の権限下に置かれていた教職員の人事権を市町村レベルに回収することをめざすものである。改革の人材をリクルートするためにも、市内の教員人事を市独自の権限において行う必要がある。同時に、各校の教務・校務各主任の発令権の実質化も推進した。従来これらの主任層は、中間管理職化しており教頭予備軍として位置づけられていたのである。ところで、従来の硬直した人事政策の基盤には、愛知県に独自の学閥支配の実態が伏在していた。開かれた教育政治の舞台をつくるには、まずもって人事行政の正常化が不可欠な所以である。

改革の第二の特徴は、個に応じたきめ細かな指導を徹底することであった。すなわち、市裁量予算

（六〇〇〇万円）による非常勤講師を採用し、少人数授業とティームティーチング（TT）を市内全ての小・中学校（小学校一〇校、中学校四校）において実施したことにある。各校は、授業計画に応じて必要な職員を申し出、それを受けて教育委員会が教員を配置することとしたのである。

第三の特徴は、教科書採択制度の見直しを問題提起していることである。現行の広域採択や非公開の採択作業を改めるために、市町村単位の採択をめざす方向で模索しているが、県教委との関係で現段階では実現していない。この施策に関して犬山市教育委員の一人は「学校改革の一環として教科書採択を位置づけていこうということです。つまり教師が自分たちで教育課程を編成し、それに対応する教科書を選ぶ、そういう仕組みを作るべきだ[25]」と指摘している。傾聴すべき発言である。

第四の特徴は、副教本の作成を教職員の参加を得て推進していることである。その契機はこうである。前述の少人数授業において学習指導の質的変化があまりみられず、少人数の生徒を対象に相変わらず一斉授業を展開するケースが多かった。そこで、教員研修の機会として副教本づくりを推進し、教科指導について再考を促すねらいがあったのである。

そこでまず、六〇〇〇万円ほどの予算を計上して算数の副教本づくりからスタートを切った。この取り組みで重要なことは、各学校からの代表で構成する副教本作成委員会で草稿をつくり、市内全校の教員に配布し修正意見を求めて作成する方式をとっていることである。副教本づくりはプロセスであり、最終的には教師が「授業をデザインする力[26]」をもち、教育課程の自主編成を可能にする遠望をもつものである。その「一里塚」として取り組まれているといえる。なお現在、算数・理科の副教本が作成され使用されており、国語の副教本づくりが始まっている。

② 改革の可能性と課題

犬山の事例は、地方教育行政の自律性確保のもとで、どのような教育改革が可能かを示す典型といえる。特に次のような点において示唆的である。

第一に、教育実践改革を展望した教育行政改革のかたちを示している。「学びの学校づくり」「学びの共同体」「教室の改革」を強調する「犬山プラン」に顕著なように、目標設定が教育実践改革におかれている。しかもそれは、ただ美辞を弄するだけでなく、教員人事や教科書採択という権限確保を土台とした、したたかな政治力の実現をめざす「教育政治」＝「管制高地」の確保をともなって進行している。

第二に、改革施策の構造性と確かな戦略の存在である。人事や予算などの行財政改革と学習内容・方法の改革とがうまく結合して機能している。しかも、それらが教師の力量形成という課題に焦点化されている。「政治的な対立を回避して、教育内在的な課題に取り組[27]む方向性が重視されている点である。

第三に、教育学研究者の関与があげられる。すなわち、教育行政学研究者（中嶋哲彦名古屋大学教授）が教育委員を兼任している。また、教育心理学研究者（杉江修治中京大学教授）が非常勤の教育指導主幹として少人数授業の学習指導等を補佐している。ここに、行政・研究・実践の協働の効果が発揮されているように感じる。

こうして、七万人の小さな地方都市において、大きな実験が進行中なのである。ただ、現段階ではあくまで教育委員会主導の改革であり、参加民主主義の力は弱い。ここに今後の課題の中心があるといえる。

3 「鹿本高校の教育改革」の現状と課題[28]

① 改革の経過と現状

一九九〇年代の日本の教育は、教育病理が指摘され「失われた十年」と呼ばれた。その一九九〇年代において、学校単位で創造的な改革に邁進してきた学校がある。それらの開発的学校における改革には、当然固有の問題状況があり、文脈が異なっている。だが同時に、学校改革における内発的な発展を展望してきた点については共通性がある。以下、開発的学校のうち、熊本県立鹿本高校の場合を取り上げて、その具体的経過と特徴点をあげてみよう。

鹿本高校では、一九九九年度から三年間、文部（科学）省研究開発学校として「総合的な学習の時間」の実践に取り組んできた。同校では研究の開始にあたり、同校としての教育理念を再定義し、教育目標を明確化し、実践の基盤となる「スクールアイデンティティ（ＳＩ）」を打ち立てていった。そのＳＩに則って、同校独自の教育改革プランである「ビルドアッププラン」を樹立し、依拠すべき土台とした。こうした検討の過程で、中央教育審議会答申や教育課程審議会答申の内容を「議事録まで遡って[29]」吟味したという。

改革は一九九八年度、当時の徳丸正敏校長が「総合的な学習の時間」の研究開発学校に応募することを決意したことから始まった。一〇〇周年行事（一九九七年）で招いた大学教授の「夢は期待値を超えて」とする提起に触発されたからである。当時の校長には、のんびりした雰囲気の鹿本高校をもっと活性化したいという願望があった。東京への出張時、「総合的な学習の時間」の研究開発学校にチャレンジすることが転換の契機になるのではないかと思い当たり、帰校後その体制固めを始める。その中心的スタッフとして抜擢されたのが西泰弘教諭（生物担当、当時三三歳）であった。ここに改革のスタートが切られたのである。

では、どのような手順で鹿本高校の改革は進行したのだろうか。西を中心に学校教育改革委員会が組織され、青写真の検討が始まった。同委員会では、中教審や教課審の議事録等の外部情報の分析、地域における鹿本高校の役割、保護者の期待の整理、生徒の実態とニーズの分析、教職員の思いの集約など「事を始めるにあたり、現状分析と課題の整理を行った」(30)。こうした検討によって確立したSchool Identityの原案と学校改革案を職員会議に提案し、そのうえで同委員会は四つの分科会（自宅学習改革小委員会、授業創造小委員会、課外活動・行事改革小委員会、「総合的な学習の時間」研究開発委員会）を組織して全教職員がそのいずれかに入ることを求めた。そして改革委員会委員がそれぞれの小委員会のチーフとなった。改革委員会と小委員会という二重の組織を運用し、小委員会とチーフ会議を交互に重ねつつ、改革プランの検討をすすめたのである。ほぼ二カ月間の作業であった。こうして確定していったのが「SI」とその具体化としての「ビルドアッププラン」であった。このプランは、まず職員会議（一九九九年二月一七日）で了承され、その後生徒会役員への相談と生徒全体への説明、PTA役員の了解と一〇会場に分かれた地区ごとのPTA懇談会で説明が重ねられた。

では、その「SI」や「ビルドアッププラン」とは、どのような枠組みなのであろうか。「SI」とは、めざすべき学校像のことであり、その中核は教育目標・生徒像・教育活動原則（要諦）に焦点化される。行政文書の検討や学校をめぐる状況分析から析出されてきた目標概念といってよい。そして「SI」の実現を具体化するための計画が「ビルドアッププラン」なのである。より具体的に示すと次のようになる。

(1) 目標（行政文書に掲げる「生きる力」「豊かな人間性」の概念を再定義したもの）

① 「生きる力」――自己を構築する力であり、自己の未来像を想像し、設計図を描き期間を決め必要な材料・資材を集め、乗りこえるべき問題を発見し、調査・検討し解決していき、理想的な自己を実現する力

② 「豊かな人間性」――他に対して自分の心を開き、新しいものを柔軟に受入れ新しいものに積極的に挑戦する姿勢を忘れず、外部に向かって自分の意見を堂々と表現・発信し、他人と協力し社会と共生する自分であることに努めること

(2) 基本理念（従来の校訓を再解釈したもの）

① 自主自律――内発的な動機をもって自ら考えて行動し、新しいことを積極的に取り入れる姿勢

② 質実剛健――自分の志に正直であるとともに失敗を恐れずに挑戦する強く健康な精神と肉体

③ 師弟同行――他人や社会に対して共生の精神を忘れず思いやりの心をもって行動すること

(3) 実践プラン

①「志望値」を高める進路指導——職業調査(一年次夏休み)、卒業生を囲む会(三月中旬)、進路学習バスツアー(二年生、夏休み、大学訪問)等によって構成

②基礎基本の徹底——ゲインライン(単元ごとの到達目標一覧、予習・授業・復習の目安となるもの)明示と到達度テストによって具体化、ゲインラインの行動目標化や形成的評価に基づくアドバイスも重視

③『心の教育』の時間——朝の一〇分間活動であり曜日ごとにメニューが決められている。ちなみに、月(My Plan～私の一週間)、火(日々のコラム)、水(名言集)、木(二〇世紀を生きた人々)、金(「ビルドアップ通信」広報紙)のような展開を用意

④自己選択の場面——部活動、ステップアップゼミ(一、二年生対象の放課後補習)、放課後課外(三年生対象)、ミニ講演会(放課後大学からの出前講義を組織)の保障

これらのプランをみると、行政文書の趣旨や学校・生徒のローカルな状況分析をふまえ、学校教育の理念と実践計画の再構築がはかられていることがわかる。ここでは、新しい活動の創設とともに従来の活動も全体の構図のなかに位置づけられている。鹿本高校では、以上のような学校改革プラン全体のなかに総合学習の実践も位置づけられているのである。

鹿本高校の総合学習について特徴的なことは、単元開発の内容と方法の的確さである。ちなみに、単元構成は次のようである。

［一年］（前期）Apple Program（後期）成功へのエチュード――ヴァーチャル市役所
［二年］（前期）知の方法論～ディベート（後期）Young Doctor Plan
［三年］　未来への架け橋

これらは、学習の順次性や進路選択の段階に対応して適切に構成されている。さらに特筆すべきことは、それぞれの単元において丁寧な学習指導の手順や探究ツールの開発と活用に配慮されていることである。ここでいう、探究ツールとは、生徒の探究を促進するソフトウエアの総体のことである。鹿本高校の実践の場合でいえば、ブレーンストーミング、KJ法、情報検索ソフト、インターネット、ウェビング、フィッシュボーン、フィールドワーク、ディベート、論文の技法、プレゼンテーションソフト等が導入されている。

ところで、筆者は二〇〇二年に訪問調査を行っているが、そこでの説明や質疑を通して「実践の知恵」の豊かさを実感した。その第一は、学習指導の的確さである。例えば、グループ指導の際、生徒の数は五人が最適であり、六人との差は大きいことを確かめ、実践に組み入れている。また、学習シートは、雛形を用意して実践者（教師）が工夫を加え、実践を通して更新していくようにするという配慮等である。ヴァーチャル市役所の発想も斬新である。以前の調べ学習に比し、目的と対象が焦点化され、生徒の探究に質的改善がもたらされた。第二は、教育組織の成熟である。まず、総合学習担当の校務分掌を設け、その部員が各学年の総合学習に方向づけを与えていく。若い教員の活力をうまく引き出し、総合学習担当者としての自覚と力量が育っている。他方、経験が災いし、既成概念を変えることの困難な教員に対しては、意見の傾聴と説得をねばり強く続ける。多くの教員が動かねばならないところに立って試行錯誤することにより、「追いつめられれば力が出る」(火事場の馬鹿力の知恵)状況を生み出しているのである。

ところで、開発の中心になってきた西・竹下が転勤し、鹿本高校は「平成一四年の危機」をむかえた。だが、ここ数年の経験のなかで成長した若い教師たちの奮闘がその穴を埋め、実践の継続と発展がはかられていることを付言しておこう。

② 特徴点と課題

鹿本高校の学校改革の特徴を俯瞰してみると、以下の三点が重要であることがわかる。

第一は、学校改革の全体像の鮮明さにある。先述したように、外部情報の検討や状況分析によりオーダーメイドの改革プログラムを構築している。SI、ビルドアッププラン、ゲインライン等、身の丈にあった目標管理と課題設定が配慮されている。

第二は、変革主体としてのキーパースンのネットワークが構築されていることである。鹿本高校の学校改革の土台には「鹿本グループ」とでも呼べるようなキーパースンの働きがあった。勘が鋭く「猛獣」と愛称のあった押しの強い徳丸校長、徳丸の後任で立ち上げた改革を軌道に乗せた濱田校長(前県教育審議官)、徳丸に研究開発学校の知恵を示唆した藤井憲一(当時文部省に出向)、青写真を描いた西、西とともに開発スタッフの中軸を支えた赤山・竹下というチームワークが効果的に作動したといえる。特に、西と赤山は同じ「生物」の担当であり、若い西の改革プランを熟練の赤山がサポートする関係が有効であった。さまざまなかたちで生起する消極性や抵抗感を年輩の赤山がうまく調整し、若い西の活動の場をバックアップしたのであろう。こうして、多彩なキーパースンが適時・適材・適所に位置づけられ、改革の事業が進行したと考えられる。

第三は、構造化されたカリキュラムと探究ツールの開発と活用の知恵が創造されていることである。生徒が探究する授業における学習指導は、知識伝達型の定型的な授業の場合と異なる。〈学習＝支援〉の構造を明確にし、適切な学習環境の構成や学習指導の工夫がないと、生徒の探究の質を上げることは困難である。探究型授業の要諦は、生徒を自由にすることではなく、学習環境の構成を含む学習指導をより高度に機能させることに他ならないのである。その際、鮮明なカリキュラムの構築と探究ツール・探究手順の開発・活用が有効である。実践の空回りを避けるためにも、そうした配慮が不可欠なのである。

こうしたメリットをもつ鹿本高校の実践であるが、さらなる進化のためにどのような課題がありうるだろうか。第一は、教科学習における学びの質の改善という課題がありはしないだろうか。第二に、生徒（および保護者）参加の学校づくりの方向性が模索されても良いのではないだろうか。学校改革は生物の進化に似ている。定型の破壊が創造的な実践を生むが、その創造的実践も次なる定型となる。創造的破壊（シュンペータ）が必須となる所以である。周知のように、ナショナルカリキュラム（学習指導要領）は、恒常的な見直しのなかで改定が準備される。スクールカリキュラムも同様である。次なる「SI」「ビルドアッププラン」の構想が、今日の達成のうえに用意されるのも遠い将来のことではないであろう。

4 結　論

以上、三つの改革の事例について略述してきた。県単位の「土佐の教育改革」、市単位の「犬山の教育改革」、学校単位の「鹿本高校の教育改革」である。それぞれに改革の単位が違い、また地域的課題も異なるのであるが、独自の理念を掲げて改革を推進している事例であることは共通している。さらに、改革のキーパースンが有効なネットワークを形成して、改革の実をあげているところも共通している。これらの事例では、教育行政改革と教育実践改革の関係はどのような構図をもっているのであろうか。

まず、鹿本高校の場合、改革の内実がそもそも教育実践改革であった。だが、教育実践改革の進行は、学校経営や教師文化および教育組織の改革と並行することで促進された。犬山の場合、改革はトップダウンの教育行政改革として人為的に始まり進行している。だが、教育行政改革のターゲットは教育実践改革に焦点化されている。少人数指導や副教本づくりに重点がおかれていることがそれを物語るであろう。教員アンケートにおいても、圧倒的に改革をトップダウンとして認識している一方で、改革事業への関与意識も相対的に高いものがみられた[31]。トップダウン・リフォームとボトムアップ・サポートとの一定の結びつきが指摘できる。「土佐の教育改革」の場合、教育行政改革の進行に比して教育実践改革の浸透は部分的である。改革のなかで、県教育委員会やPTA・地域住民・生徒たちの意識に変容と活性化がみられる反面、教師の意識は容認と疑問を含んで両義的であり、改革を追い風にした教育実践の深化は今後の課題である。これら三つの事例は、改革の規模（県・市・学校）も地域性も異なっている。そうした条件の違いを意識しつつも、そのなかで展開されている改革の試行錯誤は、どの地域、どのレベルの改革にとっても有効な実証データを提供している。今後とも、改革の動向を追いかけていきたいと考えるものである。

結論的にいえば、教育行政改革を教育実践改革につなぐためには以下の二点が重要と考える。第一に、内発的発展の必要性である。その主旨は、生徒や教師の生の声を丁寧に聞き取り、学校にかかわる構成員の合意と納得によって自生的な改革を実らせていく道の探究である。第二に、教師の力量形成の促進である。教育現実と教育改革目標の中間に、実践主体としての教師が存在する。「学校は教師次第」とは古い諺であるが、改革の理念が実践者である教師の内部に点火されなくては、教育実践改革への展望は困難となる。したがって、改革のなかで教師の意欲や力量がいかにエンパワーされているかが問われるのである。

第3節　新しい学びのかたち

(1)　地域とむすぶコンペティション――府立松原高校の実践

1　府立松原高校の創設と改革

大阪府立松原高校は、同和地区を抱える「地元校」として、誘致をすすめた「市民運動の成果[32]」として一九七四年に創立された。創立当初に掲げられた「建学の三つの精神」は、「一切の差別を許さぬ学校」「落ちこぼれのない学校」「地域にねざした学校」であり、差別に反対する人権教育がめざされていた。

だが、人権教育の実践を徹底することは容易ではない。そのうえ、経済的困難から学校を続けられなくなる生徒も少なくない。「生徒と保護者からの信頼を得るには、口ではなく足で稼ぐしかない」と家庭訪問を頻繁におこない、全教師が一緒の職員室で過ごす「大部屋主義」や「全員担任制」の導入、「生徒のことは箸の転げたことまで話そう」と教職員間の連携がはかられていった[33]。ともかく体を動かすことで「面倒見の良い」高校という評価を定着させていくことが必要とされた。

その後、一九九一年にカリキュラム検討委員会を組織し、高校が最終学歴になる生徒の多い現状から、進学者向けのカリキュラムを保障しつつも、全体として意欲と興味の持てるカリキュラムと教科内容にする方向で検討し、生徒のニーズに応えられる自由選択講座制を導入することが打ち出された。

この自由選択講座制は、九三年度より試行的に実施され、順次拡大して九五年度に完成する。
こうした蓄積の上に、九六年度から総合学科高校として再出発することとなった。新しい酒をそれにふさわしい新しい革袋に盛ったのであり、いわば戦略的に現場からの必然として総合学科という制度を活用したのであった。

同校の教育課程は、「共通の履修科目は半分の時間で、残りの時間は生き方、学び方を学ぶ時間に」という考え方から、多彩な選択科目が用意されている。多彩な選択科目を通して、幅広い学びの世界が構成されている。なお、これらの選択科目の多くは、「一人一講座」の方針で開発してきた自由選択講座を引継き、発展させたものである。

2 「産業社会と人間」を活用した学習

同校における実践を「産業社会と人間」に焦点を合わせて考察しよう(34)。

「産業社会と人間」の一年間の学習計画は、①自分を見つめる、②いろいろな社会に触れてみる、③自分の学習計画を作成する、④「働くということ」について考える、⑤自分なりの課題を見つけアピールする、というねらいに基づいて、次のように展開される。

春の社会（問題）体験　地域NGOの企画する合宿で、人間関係づくりや体験学習による学び方の訓練（「学び方を学ぶ」）を受ける。その発展として、「産業社会と人間」の学習があり、最初の山場が、社会体験である。これは、ただの施設訪問ではなく、社会問題（社会の構造や制度の矛盾や不合理から生じるいろいろな問題）に目を向けることが目的である。

夏の課題研究　夏休みは、生徒の「生きる世界を広げ、自主性を育てる」ため、ボランティア活動への参加など、自分で探した課題等に取り組む。

秋の職場体験　二学期は、職場体験（見学）学習が中心となる。この学習のメインは、「その道の達人に聞く」という講演会や「ドリームカンパニー」の企画書づくりという事前学習をふまえて展開される企業見学である。

冬の自由研究　三学期は自由研究に取り組む。個々人の課題を見つけ、各自が主体的に学習を深め、発表することで自己表現力をつける、という三点がねらいである。また、テーマ選定では、進路との関係、授業で学んだことの深化、新聞等の触発や生活上の興味を基にする。教師側は、研究過程に即しながら、資料集めの技法、研究手順、発表の技術を示唆する。この自由研究は一年間の学習の総仕上げであり、次へのステップとして位置づけられる。

以上、春夏秋冬にわけて、一年間の授業内容を紹介した。ここには、社会体験や探究活動、それらをふまえた表現活動が豊富に用意されている。そして、生き方や進路と連動しながら学び方を学ぶという理念が遺憾なく発揮されている。

3 「産業社会と人間」は進化する

松原高校における「産業社会と人間」の授業は、地域の教育力に支えられながら展開される。そして、その授業のかたちは、学ぶ生徒の反応や支える地域ネットワークの声を反映しながら毎年少しずつ前進する。それはあたかも、生命体である学校が地域という環境との相互作用を繰り返しながら進化してゆく姿に似ている。

ホームルーム合宿等でかかわりをもち、生徒たちの学びを支援してくれたNPOのスタッフの感想に、「発表は悪くないが、何のためにそれを調べているんか、という for what の部分が弱い気がする[35]」との指摘があった。そして、「もっと社会とのつながりを意識させるためにも、コンペ方式でやってみたら？[36]」との提案も出された。そこで、これまでの自由研究の発表にくらべ「誰に向けて、何のために発表するのかをはっきりさせる。ゲスト審査員と生徒との関係をつくることで、生徒たちが自分の学習と社会とのつながりを実感し、『いま』を主体的にいきる発想をし、楽しくプレゼンすることを期待する[37]」ものとして、「コンペティション二〇〇〇」が企画された。この企画の意図について、「コンペティション二〇〇〇」の報告書には、こうある。

「スタッフが考えたのは企画力と表現力の育成である。初年度の課題研究の発表大会を終えて感じたのは『総合学習や研究は何のための学びか』ということであった。一人一人の発表がいかに社会や人とつながっていくものになっているか。地域や社会の人々の直接的な評価にさらされているか、が大切だと考えたので

表6−1 「コンペティション」のテーマ

「子どもの遊び」をクリエイト（保育），ユニバーサルデザインで変わる生活，街!!（社会福祉），「osaka」発 korea へのメッセージ（国際理解），ECO さんのハッピーデイ（環境問題），アートが街を活性化する！（芸術），バースデイパーティをプロデュース（接客），LET'S TEACH HIV（医療），こんな風に「死」を迎えたい！（終末ケア）

ある。[38]」

表6-1のようなテーマを決め、「リサーチデー」を使ってフィールドワークを行い、その成果を「企画書」にまとめるのである。「社会体験」や「達人に聞く」でかかわった地域の方々やリサーチでお世話になった人々をゲスト審査員として招き、社会人や専門家の目の前で、自分たちの企画を発表するコンペティションが行われた。生徒たちは、社会から認められることで自信をもち、次のことにチャレンジしていく意欲につながっていった。

4 松原高校にみるカリキュラム開発の特徴

松原高校の近年の改革は、カリキュラムを生徒や地域の状況に対応して創造してきた過程であり、学校を基礎にしたカリキュラム開発への実践であるといえる。その際、生徒の「ニーズ」を受け止め、教師や学校・地域の保持する資源の状況を丁寧に分析し、その上にカリキュラムをデザインするという戦略がとられてきた。その戦略の一環として、総合学科や「産業社会と人間」という枠組みが活用されてきた。

こうして、制度の理念を創造的に具体化し、豊富化してきた。例えば、「総合学科の三つの切口」として、①社会とのネットワーク（社会の現実に実際に触れること、社会に開いた教育内容が社会の中で生きる意欲を育てることに留意する）、②選択する力は生きる力（選択、実行、自己責任のサイクルにより生徒を生きる主体として励ましていく）、③共に生きる空気の体験（異質な人々との共生の場を多様に用意する。「認めることは認められること」である)、について語られている。[39] ここには、総合学科という制度が現場のニーズをふまえて解釈し直されていることを感じる。

松原高校のこのようなカリキュラム開発の経験は、次のような点において示唆に富む。

第一は、地域教育力との連携の問題である。

同和地区を抱える「地元校」として発足して以来、同校は地域と連携した教育を展開する宿命を担ってきた。その蓄積に立って、次のような方針が生まれる。

「ネットワークの中で生徒を育てるために、地域社会に、生徒の力を戦力として受け入れるネットワークを多くの人々とともに作り上げたい。学校の中に、よりよいものを求める活力ある仲間関係(ネットワーク)を育てたい。(中略——引用者)社会に開かれた学校作りの眼目は、ネットワークの力で生徒を育てるということである[40]」。

先に見たように、ホームルーム合宿、社会体験、ボランティア体験、「その道の達人に聞く」、企業訪問、コンペティションの機会に、地域のネットワークと学校とが無数の糸によって結ばれている。このような学びには、「小学校・中学校・高等学校がつながることと地域を含めた教育のネットワークづくりが必要[41]」である。ここには、地域のリソースを活用したカリキュラム開発の試みがある。

地域に支えられる学びは、地域を支える学校という役割によって担保される。地域に支えられる学習によって育った生徒たちが、地域を支える人材となるからである。「地域に支えられ、地域を支える」という相互関係が求められる。この点にかかわって、創立二〇周年記念式典の構成詩に参加した卒業生（一三期生女子、保母として市内に勤務）は、その式典の場で次のように発言している。

「悔しいことや悲しいことは山ほど乗り越えてきました。松原高校で私が学んできたことは、どれもが子供達に自信を持って伝えていけることです。子供達には、つらいときに、仲間が支えてくれることのすばらしさ。みんなと一緒に何かを頑張って成功したときの喜び。そして、いろいろな友だちをそのまま受け入れることの出来る優しい子供達に育っていって欲しいと思います[42]」。

ここには、地域に支えられて成長してきた生徒たちが、地域を支え、さらに地域の次代の担い手を育てるアクターとしての役割をもって活躍していることを知る。

第二は、総合学習・教科・特別活動との間で相互環流的関係を構築していることである。

松原高校では、創立以来「特別活動」の枠を中心として人権教育に取り組んできた。また、自由選択科目の創設を契機として、生徒と教師のニーズの接点に多彩な教科学習を展開している。そして、「産業社会と人間」を活用した総合学習は、特別活動や教科学習と密接な関係の中で実践されている。例えば、「産業社会と人間」の学習は、ホームルーム合宿と連動している。その合宿では、ともに学ぶクラスメートの関係性を育てるため、イニシアティブゲームが採用される。この手法は、「アメリカの冒険学校アウトワードバウンドスクールで開発された活動で、グループで大自然の冒険旅行に出かける前に冒険中におこるであろう危険・葛藤・合意・協力などの場面を想定して、ベースキャンプで体験的に学んでおくもの[43]」である。

イニシアティブとは「第一歩・発端・はじめ」という意味であり、具体的なゲームとしては、サークルボール（アイスブレーキング）、ハンドノット（人間知恵の輪）、トラストフォール（地蔵倒し）、ラインナップ（並べ替え）、スパイダーウェブ（クモの巣）などが用意されている。このホームルーム合宿をうけ、社会体験の冒険に出るための最初の一歩となるのが「産業社会と人間」の学習に他ならない。さらに、多様な体験学習が学年行事として「産業社会と人間」に組み込まれていることも、先に見た通りである。

特別活動との連携は、ただカリキュラムが工夫されていることに止まらない。さらに、生徒自治会を学校運営のパートナーとする姿勢によって確固たるものとなる。その点は、「生徒の自治的な力を高めるために、自治会代表（執行部、委員会代表）と教職員代表（教頭、同担代表、職会議長団など）との間で、定期的な話し合いをもち、共に学校を作っていくパートナーとして生徒に、一定の決定参加権を与える(44)」という姿勢に顕著である。

こうした教科学習と教科外学習の結びつきの重要性は、以前から「フレッツェルのテーゼ(45)」として知られている。教科と教科外との関係性は、生徒たちの学習の世界が広がるために不可欠のものであり、総合学習の実践に際して、特に配慮されるべきものである。

第三に、学校の伝統の継承と革新がはかられている。

同校における学校の伝統とは、いうまでもなく「地元校」としての人権教育の蓄積である。そして、自由選択科目の創設を契機としたカリキュラム改革の底流には、「生育歴の中で期待されない家庭生活と評価されない学校生活を送り友人関係の希薄さの中で将来に対する〝あきらめ〟と〝みきり〟だけはしっかり身につけている。彼らが少しでも目を輝かす授業は創れないのか[46]」という思いが存在した。そして、カリキュラム改革の山場において「松原高校は、二〇年間『人権』をタテ糸にして、さまざまなヨコ糸を織りこんで教育内容を創りあげてきた。今ほどもっといろいろな色のヨコ糸を織り込んでみたいと思っている時はない[47]」と指摘されている。ここには、何のための、誰のための学校かが鋭く問われている。強くいえば、人権・自治・反差別という理念の実現を目的として学校が存在し、その目的を具体化するものとしてカリキュラム（教科・特別活動・総合学習）が改革される。いわば、要求実現の「手段としての学校」という発想である。

何によってこのような改革が可能となるのだろうか。その点に関しては、「多くの被差別部落出身生徒、『障害』をもつ生徒、在日韓国・朝鮮人生徒、中国からの渡日生が、生き生きと通っている。このような多様性を積極的に受け入れ、教育活動に生かしてきた歩みそのものが力であろう。その中で鍛えられた教師集団があればこそ、大胆な教育改革に一致して取り組めたのである[48]」と喝破されているところである。

松原高校の実践は、学習者が学習環境との相互作用のなかで学ぶという学習観に立脚している。その立場から、さまざまな学習支援の仕掛けが用意される。生徒たちの学びは、教師の指導性を導きの糸としながら、生徒側の自主的な学びの実現にむけて進化してきた。

こうした松原高校の実践の底流には、学校改革における内発的発展の思想が看取される。この内発的発展は、地域の伝統を、新しい技術や思想を触媒として地域の文脈に即して革新してゆくものである。その点で松原高校の実践にあっては、ナショナルカリキュラムの枠が現場のニーズによる解釈と組み替えによって豊富化されていることに注目したい。そのことによって松原高校の実践は、『ショッピングモール』の悪弊に陥らずなおかつ大学の知識体系をつき崩すような果断な試み[49]」となっている。

教育実践は、一つの定型を導入してまねることではなく、その学校の伝統に則して立ち上げられ、その学校の構成員の実態やニーズに従って内発的に展開されることが不可欠なものである。その点で、学校を基礎としたカリキュラム開発をすすめてきた松原高校の実践から学ぶことが少なくないのである。

(2) 国際ボランティア活動への挑戦——市立高知商業高校の実践

生徒会活動との連動のなかで、新しい質の学びをつくり出している事例として、高知市立高知商業高校の実践[50]は示唆的である。高知市唯一の市立高校である同校は、一九九四年度より生徒会の呼びかけでラオスに小学校を寄付する運動に取り組んできた。中心となった高校生たちは、出来上がった小学校に参観し、現地の小学生と交流する。拍手で迎えてくれたラオスの小学生たちに接して、「感動で体中に鳥肌が立[51]」つほどの感銘を体験する。

その後、ラオスの民芸品を高知で販売するための「株式会社」を高校内に組織する。活動資金を得て援助の継続をはかるためである。こうして地域のＮＧＯ（「高知ラオス会」）と連携しつつ、援助という社会的実践に取り組んだのである。この活動のなかで高校生たちは、南北問題の現実を生身の体験を通して理解し、貧しくもたくましく生きるラオスの小学生たちに励まされ、自分たちの生活と学ぶ意味をとらえ返すこととなった。

やがて、活動は地域でのラオス民芸品販売へと拡大し、地域の活性化とラオスへの援助をつなぎ、「地域に根ざし、世界と結ぶ学校[52]」としての実践をつくり出している。さらに、地域活性化の取り組みの一環として、現在ではエコマネーの実験にも取り組んでいる。

以上のような実践には、新しい質の学びがデザインされている。

まず第一に、学びのテーマは生徒たちのこだわりから出発している。NGOや教師の示唆があったとはいえ、ラオスに小学校をという願いを共有した生徒たちが、自分で踏ん切りをつけてスタートしたものである。株式会社の結成にしても、年度ごとに最初から討議を組織し、自己決定している。

第二に、学習は援助という社会的実践として組織されている。そこでは、援助という共通の目的のもとに校内外のネットワークに支えられて実践がすすめられる。協同的な学びとなっているのである。

第三に、生徒たちの学習の射程はラオスに及ぶが、同時に自己の生き方に収斂される。ラオスでの活動が契機となり教職をめざすようになった卒業生もいる。生徒たちは、自分の心の中にも学校を建てたのである。

第四に、学習は生徒会活動（特別活動）にとどまらず、教科学習や学校行事、地域イベントへと発展している。新教育課程において創設された総合学習とも連動して発展している。こうして、学びの質を高めようとすれば、学習は自ずと特定の分野を越境し、各分野の相互環流的な関係を生むものである。

第五に、この実践は教師が特定の教育知識を系統的に伝達するというスタイルをとっていない。むしろ教師は、学習環境を多様に用意し、その環境に働きかけて学ぶ仕組みをしつらえている。その学習環境は、海を越えたラオスから、地元の商店街まで多彩である。ここでは、デューイのいう間接的教育作用の姿勢をとることによって、主体的な学びが可能となっているといえる。

なお、こうした活動を指導してきた岡崎伸二教諭は、指導過程を振り返って、こう語っている。

「この一連の活動を通して生徒が変わる瞬間に立ち会ってきた。その瞬間に共通しているのは、生徒が本物に触れた時である。ラオスに行った時、百貨店のプロの方に指導を受けた時、民族舞踊のプロの方の指導を受けた時、商店街のお客さんと接した時、百貨店の役員の方にお願いに行った時、国際交流協会の合宿セミナーに参加した時など、学校内の疑似社会空間ではない生の社会に触れた時、生徒は大きく変わっていった。そしてそれがやる気を生んでいったのである。」[53]

自立した個人を育てる——北欧の学校から

北欧諸国は、いずれも人口数百万で単一民族に近い小国である。自然環境はきびしく、国内に特に豊富な資源があるわけでもない。だが、デモクラシーとエコロジーの理念を基底に経済開発をとげ、また中立のスタンスを維持する小国として国際政治に一定の地歩を占めてきた。その道は、苦難の歴史をくぐり抜けるなかで確立してきたものであり、大国中心の国際政治の中で、したたかに生きぬいてきた経験が土台になっている。

この北欧諸国は、今日、教育改革の先進地として再評価されている。国際学力比較調査の結果、トップグループを形成し、また子どもたちが質の高い学力を身につけていることが明らかになったからだ。ここでは、以前訪問した際のエピソードを紹介しよう。

〈個性を生かす教育（ヘルシンキ）〉

ヘルシンキでは、郊外のエテラカーレラン高校を訪問した。校長室で学校の概要を聞き、その後職員室、教室、体育館、給食室等を見学した。私たちを迎えるために、新聞部の生徒たちがカメラを持って待ち受けていた。

この高校は中学と同じ校舎を使い、生徒数二四〇人、教師数二二人（うち一五人が専任）である。「水族館式」とよばれる実験的な教育を行っており、学年はあるが学級がなく、生徒が自由に自分でカリキュラムを選ぶようになっている。特に、環境教育と情報教育を重視し、生徒が選択した科目の量によって、どちらかのコースを履修した形となる。ただし、基本グループがあって担任が面倒をみている。自分の個性にあった科目を自由に選択できるようになってから、生徒がやめなくなり成績もアップしたとのことだ。

校長のカルフ先生は、四六歳。修士の資格を持ち三〇歳で校長になったエリートで、生物四単位を自らも生徒に教える。また、狭い校長室で生徒の成績をすべて一人でコンピュータに入力し管理している。さらに、生徒のカウンセリングも担当していて、友達のように生徒に慕われている気さくな校長だ。彼は、ＰＴＡや生徒の要望はアンケートをとり、学校新聞に掲載して公開し、さまざまな要望を学校運営に生かしている。フィンランドでは、学校の授業料や給食費はすべて無料で、大学進学率は三〇パーセント程度という。予備校は産業として成り立たないので存在しない。北欧の教育は、個人の選択が基礎にある。従って、生徒や父母の声を聞きながら学校自身も個性的になろうとしているようだ。我々の訪れた高校でも、若い校長のもとで、学校のプロフィール化(個性化)を追求してきたのである。

〈プロの農民を育てる(コペンハーゲン)〉

デンマークでは、コペンハーゲン近郊のロスキルドにあるルンビュー農業学校を訪問した。この国では三〇ha以上の耕地を耕す農民は資格(「グリーンカード」という)が必要で、それを高卒後に取得するためにこのような農業学校が設置されている。デンマーク農業は、豚肉生産が世界一で、大半を輸出するほど生産性が高い。こうした高い技術を育てる農業学校は、きわめてユニークな教育をしていた。

ルンビュー農業学校は、一八六七年に設立された最古の農業学校である。全寮制で生徒数は一五〇人。外国から交換留学生も来ている。一八名で一クラスを構成し、実習からはいるケースと基礎教育から出発する場合とがあり、本人の希望で選択できる。

カリキュラムの詳しい説明を受けた。印象的なことは、半分以上が現場の農家での農業実習で占められること、このカリキュラムはあくまで標準であって実際には学生の希望がかなりの程度取り入れられて、弾力的に運用されるという点である。

卒業生の多くは資格をとり、政府から借りた資金で農地を買って農民となる。政府は農地を減らさない政策をとっている。年をとると農地を売りに出す農民がたくさんいるからである。日本の農家が農地を手放すことは少ないが、デンマークの農民は息子に自分の仕事を継がせようとは考えない。個人が自立しているのである。

農業学校の見学を通して、デンマークにおける農業の重みを再認識した。社会の中核に農業を位置づけている国だという実感である。

農業重視の意味は、農業が主要産業として位置づけられ、かつ輸出産業として育成されているという点にある。しかし、農業重視という意味あいは、単に農業分野の生産が大きいという点につきるのではない。もっと大事なことは、デンマークという社会が、その基礎の部分に農民的伝統というべきものを宿していることである。農業学校で学ぶ学生に対する強い期待や農家実習で農民的モラルを継承するために体験学習が重視されていることの背景には、農業は人間性を養うものという信念が横たわっている。

こうした伝統は、デンマークの近代史に根ざすものである。一九世紀の半ば、敗戦の混乱から、農業を基礎にして国づくりをしてきた経験がある。一八六四年に戦争でドイツに敗北したデンマークは、最も肥沃な二つの州をドイツに割譲した。残されたのはユトランド半島と島々のみ。その時「木を植えた男」エンリコ・ダルガスが登場し、不毛のユトランド半島に木を植え、水を引いて沃土となした。戦争に負けてなお立ち上がる不屈の意志。外に失ったところを内を開発して回復したのである。この実話をひいて、明治の末年、内村鑑三は日本の若きクリスチャンたちを前に、「デンマルク国の話」と題する講演をおこなった。内村はこの講演を通して、韓国を「併合」し、帝国主義の道をひた走る日本を痛烈に批判したのである。そういえば内村も札幌農学校の出身であった。

（北欧訪問は一九九四年度）

注

（1）菊地栄治編著『進化する高校　深化する学び』学事出版、二〇〇〇年、一一三頁。
（2）鶴見和子・川田侃編『内発的発展論』東京大学出版会、一九八九年、四八頁。
（3）同上、五九頁。

（4）前掲（1）一七頁。
（5）今橋盛勝「父母の参加と学校改革」『学校像の模索』岩波書店、一九九八年、三二二頁。
（6）田久保清志「歴史的転機をむかえた生徒参加」『教育』一九九九年五号、七一頁。
（7）藤田昌士「教育課程編成・授業づくりにおける生徒参加とその意義」『子ども参加の学校と授業改革』学事出版、二〇〇二年、三六頁。
（8）浅沼茂「創造的な環境学習の実践」『高等学校総合学習創意ある実践』文教書院、二〇〇〇年。鳩貝太郎「環境学習をテーマとしたカリキュラムの構想」『高等学校における総合的な学習の時間のカリキュラムに関する研究』国立教育研究所、二〇〇〇年。藤岡貞彦「〈学校と社会〉の視点から総合学習を考える」『教育』二〇〇〇年二号。土井妙子「高等学校における環境教育の構築過程に関する研究——授業の参与観察と実践者へのインタビューをとおして」日本カリキュラム学会『カリキュラム研究』第一一号、二〇〇二年。
（9）この項の叙述は、高橋達（一九六八～八三小金高勤務）及び鹿野司郎（一九七八～九四小金高勤務）への聞き取り（二〇〇二年一〇月二〇日）に多くを負っている。
（10）元校長青山正が折にふれて語っていた言葉である。職場慣行等の獲得・定着を土台として、教育研究活動の前進を推進した教職員の努力と管理職の見識によって生成された学校文化であった。
（11）正式な三者会議は、一九九六年七月九日の発足とされるが、卒業行事にかんする意見交換を中心的内容とする三者の会議が六回開催されている（一九九六年一月～三月）。このプレ三者会議では、「国旗」掲揚に固執する管理職や教育行政への対応が主な話題となった。
（12）この経過は、稲沢潤子『おおらかに自由の風よ』青木書店、一九九六年、参照。
（13）鈴木顕定「三者会議と学校改革」『高校のひろば』第三〇号、一九九八年、五六頁。
（14）和井田清司「オープンスクールのこころみ」『ちば——教育と文化』第四五号、一九九六年、参照。なお参加者は、七年間（一九九五～二〇〇二年）に延べ二四五三名を数えている。

(15)「告発と抵抗の学校参加」「文化創造の学校参加」という用語の初出は、前掲、和井田論文である。
(16)情報開示と意見傾聴の姿勢は、学外者に対しても一定程度は必要である。だが、現在我が国ですすめられている学校評議員制度は、児童・生徒や保護者を開かれた学校づくりの対象から外していることに問題がある。それに対して、児童・生徒や保護者の学校参加に配慮している事例として、「土佐の教育改革」の動向は注目に値する。
(17)前掲(7)藤田論文、三五頁。
(18)田代高章「子どもの自己決定と共同決定・参加」喜多明人編『子どもの参加の権利〈市民としての子ども〉と権利条約』三省堂、一九九六年。
(19)鈴木顕定「学校の〝発見〟」千葉県歴史教育者協議会『子どもが主役になる社会科』第二五・二六合併号、一九九五年、九三〜九四頁。
(20)平田淳「小金高校三者会議調査報告書」県立小金高等学校『環境学報告書』二〇〇二年版、一五二頁。
(21)この項の内容は、乾彰夫「『土佐の教育改革』の教育政治過程分析」日本教育学会特別課題研究委員会「教育改革の総合的研究」『高知・犬山調査中間報告書』二〇〇三年、に多くを負っている。
(22)神山正弘「土佐の教育改革と開かれた学校づくり」日本教育学会特別課題研究委員会「教育改革の総合的研究」第一集、二〇〇一年、五九頁。
(23)同上、五九頁。
(24)この項の内容は、中嶋哲彦「犬山市における教育改革」日本教育学会特別課題研究委員会「教育改革の総合的研究」第二集、二〇〇二年、に多くを負っている。また考察の資料として、犬山市ホームページから入手した教育改革関連資料を参照した。
(25)中嶋「犬山市における教育改革」前掲、四一〜四二頁。
(26)同上、五三頁。

(27)同上、五〇頁。
(28)この項の内容は、熊本県立鹿本高等学校『「総合的な学習の時間」に係わる研究開発』平成一三年度（最終年度）研究開発報告書二〇〇二年及び中留武昭監修・熊本県立鹿本高等学校『生徒の自分探しを扶ける「総合的な学習の時間」』学事出版二〇〇三年の文献資料に加え、学校訪問調査時のレクチャーとインタビュー（二〇〇二年一一月七日）をもとにして叙述している。
(29)鹿本高校『生徒の自分探しを扶ける「総合的な学習の時間」』前掲、六頁。
(30)鹿本高校『「総合的な学習の時間」に係わる研究開発』前掲、一六頁。
(31)前田一男「『犬山の教育改革』と教師の力量形成」日本教育学会第六二回大会特別課題研究「教育改革の総合的研究」分科会報告資料（二〇〇三年、早稲田大学）参照。
(32)大阪府立松原高校『あゆみ』創刊号、一九七五年、一頁。
(33)菊地栄治編著『進化する高校　深化する学び』学事出版、二〇〇〇年、三〇〜三一頁。
(34)考察の資料としては、「産業社会と人間」研究発表会資料（一九九七年度）を活用する。以下、本項における出典のない引用は、同資料によるものであることを断っておきたい。
(35)菊地栄治編著、前掲、九五頁。
(36)同上、九五頁。
(37)大阪府立松原高校『松原高校「産業社会と人間」発表大会コンペティション二〇〇〇資料』二〇〇〇年、三頁。
(38)同上、五頁。
(39)大阪府立松原高校『一九九七年度「産業社会と人間」研究発表大会（一九九八年）資料』一九九八年、一一八頁。
(40)大阪府立松原高校『あゆみ』第二二号、一九九六年、六六〜六七頁。

(41)大阪府立松原高校『一九九七年度「産業社会と人間」研究発表大会(一九九八年)資料』前掲、一一三頁。
(42)大阪府立松原高校『あゆみ』第二〇号、一九九四年、三〇頁。
(43)大阪府立松原高校『あゆみ』第二三号、一九九七年、二六七頁。
(44)大阪府立松原高校『あゆみ』第一八号・一九号合併号、一九九二年、三一頁。なお引用文中にある「同担」とは、同和教育推進教諭として加配されている同和教育担当者のことであり、「職会」とは職員会議のことである。
(45)フレッツェルのテーゼについては以下を参照:山口満「「フレッツェルのテーゼ」の今日的意義」筑波大学教育学研究科「教育学研究集録」第二四集、二〇〇〇年、七～一四頁。
(46)大阪府立松原高校『あゆみ』第二〇号、一九九四年、一一七頁。
(47)同上、一一六頁。
(48)同上、一二〇頁。
(49)菊地栄治「総合学科の改革動向初期評価」菊地栄治編著『高校教育改革の総合的研究』多賀出版、一九九七年、所収、六九頁。
(50)実践の詳細は以下を参照。岡崎伸二『海を越えたボランティア活動』学事出版、一九九八年。
(51)古谷綾「ラオスゆらゆら日記」読売新聞一九九九年一一月二七日付、三〇面。
(52)岡崎、前掲(50)、一九七頁。
(53)岡崎伸二「「海援隊型」国際交流のとりくみ」「じっきょう　商業教育資料No.55」実教出版、二〇〇〇年。

あとがき

私は、大学で経済学を専攻した。企業に入って歯車になることがイヤで、〈教師でも、やるか〉と高校に勤めた。学んできた社会科学を多少は生かせるからという希望はあったが、生徒や学校や教育に特に情熱を持っていたわけではない。だが入ってみると、学校とはとても複雑な、生き物のような世界であった。物静かな研究者タイプも声の大きい下品な教師もいた。自分の出世だけを考えて暴走する管理職もいれば、一見呑気に構えているがすべてお見通しという見識ある校長もいた。生徒や親たちはもっと多様なパノラマを展開してくれた。学校という世界は、外側からは同じことを繰り返すルーチンワークのようにみえても、内側からみるとさまざまなドラマが展開される、結構おもしろい場所なのである。

そうした経験から考えると、日本の教師たちが、限られた条件や与えられた枠のなかで取り組んできたことの多くは、そう間違っていないと実感する。その意味でいえば、教育改革とは、良識ある実践の成果を生かしながら、今までできなかったことを現場の教師たちが取り組めるようにサポートする配慮であって欲しい。そして、教師たちの誇りや意欲を伸ばすものであってもらいたい。そう願わずにはいられない。

高校を退職後、二年間の大学院生時代を経て、大学で教育学を担当するようになった。仕事柄、研究者とのつきあいもふえた。だが、そこで研究され語られることがらの多くに、私は違和感を覚えつづけている。改革の理念を語り現場を啓蒙する経営学的な手法や問題の深淵を科学的に解剖する社会学的な手法も共に有効ではあるが、貴重な指摘とは分かりつつ、距離を感じてしまう。学校や教師にとっては外側から解剖され、処方されるような気分にならないだろうか。研究者の描く〈病理＝処方〉と現場教師の感じる〈生理＝実践〉との間に、大切な媒介項が欠けているように思う。そこに私の抱く違和感がある。非力なことを自覚しつつ、研究の世界と実践の世界を往き来しながら、両者の橋渡しの役割を果たしていければと念じている。

まことにささやかなものとはいえ、こうした一冊の本をまとめることができたのは、多くの方々のご支援によるものであった。

高校教師時代から研究の助走をつけて下さった宇田川宏氏（日本福祉大学名誉教授）、社会科教育や教師教育の面で研究への先鞭をつけて下さった黒澤英典氏（武蔵大学教授）、派遣研究生として総合学習研究のご指導をいただきその後も研究上のアドバイスを頂戴している高浦勝義氏（国立教育政策研究所部長）、これらの方たちのご支援がなければ、高校教師を退職して大学院に入学するという「中年の冒険」に踏み切れなかったように思う。また、筑波大学大学院での指導教官・山口満氏（筑波大学名誉教授）、上越教育大学の高田喜久司氏（副学長）、二谷貞夫氏（名誉教授）にも温かいご支援をいただいた。さらに、一年間を過ごした東京大学大学院研究生時代、秋田喜代美氏（東京大学助教授）・佐藤学氏（東京大学教授）のお二人の学問上の姿勢から受けた影響は、大きかった。こうして、研究は支援してくれる人々の輪（ヒューマンウエア・ネットワーク）によって可能になるという観を再認識している。このほかにも実践や研究や調査を通じて知り合った多くの方々から励ましやご支援を賜り、ここまでくることができたと実感している。

なお、本書を構成する各章各節の主な内容は、各種紀要や学会誌等に掲載された旧稿をもとにしている。なかには、原型をとどめないほどに書き直したものもあるが、その主要な論考は以下のものである。機会を与えてくださった方々に改めて感謝を申し上げたい。

第1章
・「未完の教師修行」（講座「教師教育学」第一巻）学文社、二〇〇二年
第2章
・「高校における授業改善と評価活動」千葉県教育弘済会『教育研究助成論文集』第一八号、一九九九年
・「学力向上と学校の自己点検・自己評価」『学校の自己評価・自己点検』ぎょうせい、二〇〇三年
・「学習集団とは何か」「少人数指導と学級集団」『子どもを伸ばす少人数指導の工夫と実際』教育開発研究所、二〇〇二年
・「個に応じた教育とティーム・ティーチング」『少人数・習熟度・ティーム・ティーチング実践事例集』ぎょうせい、二〇〇三年
・「〈自治と言論〉が21世紀の学校を創る」『新聞と教育』第三〇六号、新聞教育研究所、二〇〇四年

・「ディベートで変わる授業」『新・教室ディベート入門事例集』学事出版、一九九七年

第3章

・「生きる力を育てるディベート学習」『「生きる力」を育てる評価活動』教育開発研究所、一九九八年

・「探究型ディベート学習と他者評価の構造」『「生きる力」を育てる評価活動』教育開発研究所、一九九八年

第4章

・「高校における総合学習の開発実践」全国個性化教育研究連盟『個性を育てる』第一四号、二〇〇〇年

・「高校総合学習の特質と実践方向に関する一考察」日本学校教育学会『学校教育研究』第一八号、二〇〇三年

・「戦後総合学習の史的遺産」上越教育大学『転換期における教育学研究の課題』二〇〇三年

第5章

・「社会認識教育の再構築」武蔵大学『教職課程研究年報』第一三号、一九九九年

・「公民科における授業改革の課題と教員養成」武蔵大学『教職課程研究年報』第一七号、二〇〇三年

・「転換期社会における市民意識形成に関する調査研究」武蔵大学『武蔵大学総合研究所紀要』No.一〇、二〇〇一年

第6章

・「学校改革における学校参加の可能性と課題」『日本教師教育学会年報』第一二号、二〇〇三年

・「地方分権改革下における教育改革の諸相」上越教育大学『転換期における教育学研究の課題』二〇〇三年

・「『産業社会と人間』を活用した高校総合学習の可能性に関する一考察」『日本高校教育学会年報』第八号、二〇〇一年

・「高校改革におけるエコロジカル・アプローチ」『特色ある学校づくりと高校教育課程の編成』学事出版、二

〇〇二年

最後に、この種の書籍の出版が困難な状況のなかで、学文社の三原多津夫氏には、本書の意義を理解してご協力いただき、感謝にたえない。ここに厚くお礼を申し上げたい。

二〇〇四年四月二〇日

和井田　清司

た

な

は

ま

索　引

[著者紹介]

和井田　清司（わいだ　せいじ）

1952年，埼玉県生まれ。
東京教育大学（経済学）卒，筑波大学大学院（学校教育学）修了。
公立高校教諭（社会科・公民科・地歴科）および武蔵大学等の非常勤講師を経て，上越教育大学（学校教育学部・学習臨床コース・教育方法臨床分野）助教授。
（専門分野）
教育内容・方法，社会科教育
（著書・論文）
〈著書〉
『生徒が変わるディベート術！』国土社，1994（共編著）
『高校初期社会科の研究』学文社，1998（共著）
『授業が変わるディベート術！』国土社，1998（共編著）
『現代カリキュラム研究』学文社，2001（分担執筆）
〈論文〉
「地方資料にみる『時事問題』受容の諸相」（『社会科教育研究』第79号，1998）
「高校総合学習のカリキュラム開発に関する一考察」（『公民教育研究』第8号，2001）
「戦後日本における『朝日式討論』の盛衰」（『社会科研究』第54号，2001）
「高校総合学習の特質と実践方向に関する一考察」（『学校教育研究』第18号，2003）
「学校改革における学校参加の可能性と課題」（『日本教師教育学会年報』第12号，2003）

教師を生きる――授業を変える・学校が変わる

2004年９月１日　第１版第１刷発行

著者　和井田　清司

発行者　田　中　千津子
発行所　株式会社　学　文　社
〒153-0064　東京都目黒区下目黒３-６-１
電話　03（3715）1501（代）
FAX　03（3715）2012
http://www.gakubunsha.com

印刷所　新灯印刷
製本所　小泉企画

ISBN 4-7620-1332-3

柴田義松編著

教　育　課　程　論

A 5 判　188頁　本体 1800円

学校は子どもに何を教え，何を学ばせたらよいか。子どもの必要と社会的必要にもとづき吟味し評価。教育課程の意義と歴史，教育課程編成の原理と方法と2部立て。教育課程編成の社会的基礎，ほか。

1032-4 C3037

柴田義松編著

教育の方法と技術

A 5 判　157頁　本体 1700円

教職への入門書として，教師がもつべき専門的教養の中核となる教育の方法と技術とは。学力と教育評価，授業改造と情報機器ほか，子どもに正しい効果的な学び方を指導し，みずから学ぶ力をつけさせる。

1031-6 C3037

丸橋唯郎・佐藤隆之編著

学生と語る教育学

A5判　192頁　本体 1800円

学ぶものの視点にできるだけ寄り添い，教育に関する学びのサポートをめざして編まれた教育学入門書。基礎編では基礎知識や理論にふれ問いにとりくみ，応用編ではコミュニケーションを中心に考察する。

1173-8 C3037

柴田義松・斉藤利彦編著

近　現　代　教　育　史

A 5 判　192頁　本体 1800円

20世紀の現代教育史に重点をおき，近代以前の教育・教育史についても，現代教育との関連をはかりながら叙述。また，諸外国の教育改革についても日本の教育改革との比較・関連づけを密に展望する。

0945-8 C3037

柴田義松編著

教　育　学　を　学　ぶ

A 5 判　160頁　本体 1700円

教員養成のあり方が問われ，「教育学」の内容についてもきびしい反省が求められている。教師がもつべき豊かな教養の核となる教育学とはどのような学問であるかについて，教育の原点に立ち返り探究。

0944-X C3037

柴田義松編著

道　徳　の　指　導

A5判　184頁　本体 1800円

指導の大変むずかしい道徳の授業。その道徳教育の基本問題を教育史，教育哲学，教育心理学等各研究成果をもとに多角的に考察。また，授業現場を収録，実践の課題と向き合いその指導法を探求する。

1127-4 C3037

柴田義松・山﨑準二編著

教　職　入　門

A 5 判　184頁　本体 1800円

学校教員のライフコース全体を見渡し，日常活動，法制の基礎認識に加え，学校内外活動にもふれた。現職教員の参加も得て執筆された活きた教職入門書。「教職の意義等に関する科目」の授業用に最適。

1191-6 C3037

伊藤敬編著

21世紀の学校と教師

――教職入門――

A 5 判　240頁　本体 2300円

教師と子どもをめぐる現状を分析し，打開の方向を見定めることから始まり，その打開の方向を教育活動のさまざまな領域で模索した実践のあり様を具体的に提示し，そのために必要な課題を提示する。

0940-7 C3037